# 人生智慧

曾仕强 | 著

北京联合出版公司
Beijing United Publishing Co.,Ltd.

图书在版编目（CIP）数据

人生智慧 / 曾仕强著 . —北京：北京联合出版公司，2024.3

ISBN 978-7-5596-7207-0

Ⅰ.①人… Ⅱ.①曾… Ⅲ.①人际关系学 Ⅳ.① C912.11

中国国家版本馆 CIP 数据核字（2023）第 165664 号

## 人生智慧

作　　者：曾仕强
出 品 人：赵红仕
选题策划：北京时代光华图书有限公司
责任编辑：徐　樟
特约编辑：卢倩倩
封面设计：新艺书文化

北京联合出版公司出版
（北京市西城区德外大街83号楼9层　100088）
北京时代光华图书有限公司发行
文畅阁印刷有限公司印刷　新华书店经销
字数179千字　787毫米×1092毫米　1/16　15.5印张
2024年3月第1版　2024年3月第1次印刷
ISBN 978-7-5596-7207-0
定价：68.00元

版权所有，侵权必究
未经书面许可，不得以任何方式转载、复制、翻印本书部分或全部内容。
本书若有质量问题，请与本社图书销售中心联系调换。电话：010-82894445

# 序

人际关系与沟通，对任何人来说，都是十分重要的课题。因为宇宙万物之中，人类的关系最为复杂，而且各地的风土人情不同，又形成了不一样的人际关系。

一般而言，西方人的人际关系以个人为主。社会由个人所构成，个人自由独立，必须加以适当的规范，也就是实施法治，才能够维持整体的秩序。人人在法律许可的范围内自由、平等、独立，成为其人际基础。

中国人的想法比较复杂，也显得周到得多。我们的人际关系以伦理为主。社会固然由个人所构成，但是个人却很难离开社会而生活。个人的自由，实际上相当有限。人与人的互动，也不完全能够由法律来控制。互依互赖、彼此互动，总比单打独斗要方便而有效。人人在法律许可的范围内衡情论理，以伦理来弥补法律的不足，这才是中国人的人际基础。

为了培养自由独立的习惯，西方人刚出生时，父母便会安排他们自己单独睡觉，不和父母同床。长大到十七八岁，就应该自立。成年子女不与父母同住，父母去世时孤零零地乏人照料。如果说西方人孤单单地出生，孤零零地死亡，应该毫不为过。

中国人不喜欢这种人际疏离，我们比较喜欢热热闹闹地出生，然后风风光光地死去。婴儿刚出生，父亲为了表示欢迎，马上把自己的床位让给婴儿，一方面使母亲方便照顾，另一方面也让新生婴儿感受到人间的温暖。子女和父母一辈子互依互赖。子女再忙碌，也不愿意父母孤零零地死亡。

西方人的观念，是"分大于合"，常常站在个人的立场来看整体的社会，一开口就说："我个人的看法是……"

中国人的观念，则是"分中有合，合中有分"。个人固然重要，但是在整体中完成自我，才称得上圆满。看不懂的人，认为中国家庭不尊重个人，甚至束缚了个人的发展。其实，中国家庭自古以来，便重视成全。唯有彼此互相成全，一家人才能够发挥不同的才能，以求互补。

"对，但没有用"成为深入了解中国社会的最佳切入口。对就是对，为什么会没有用呢？

西方人深受"二分法"的影响，习惯"不是对，便是错"。是非分明，成为其人际关系的重要准则。

中国人早已摆脱"二分法"的陷阱，我们知道"错，绝对不可以；对，常常没有用"。对错之外，还牵涉到是否圆满的问题。我们虽然厌恶是非不分的人，但也并不欢迎是非分明却不圆满的人。因为我们讲求"在圆满中分是非"，把是非分得大家都有面子，不得罪人，但也不讨好人，人际关系才可能良好。

我们一直认为某些人的成功是讨好别人的结果。这不过是一种自我安慰的想法，最好不要如此认定，以免误导了自己。中国人看自己和看别人，往往采取不一样的标准：认为自己的所作所为都是随机应变；而别人表现出同样的行为，那就是投机取巧。

在这种情况之下，我们所说的沟通和西方人也有很大的差异。与西方人说话，如果没有结论，就很不容易沟通。与中国人沟通，最好不要有结论，以免引起无谓的排斥或抗拒。我们的方式，是让对方自己获得结论，而不是我们给对方结论。

凡此种种，都是研究人际关系与沟通必须了解的文化差异。我们应该特别加以注意，以免不研究还好，愈研究愈使自己远离中国社会，产生反效果。

书中的若干论点，乍看起来，好像古老而不够现代。其实深入了解之后，才发觉是我们现代人解释错误，以致产生不正确的认知，而不是这些道理有什么不妥。

盼望各位能够以继旧开新的心情，共同来创造合乎我们风土人情的人际关系与沟通，并以虔诚的心，期待各界先进的不吝赐教，幸甚！

前言

"中国人喜欢拉关系、靠关系。"这句话很容易引起大家的误解,朝向坏的、不正当的,甚至于不合法的地方,做出一些不必要的,也不一定合乎事实的联想。

自从《丑陋的美国人》一书问世以来,有人认为美国人尚且有自我批评的雅量,中国人更应该起而效仿。于是某些对中国人负面的评价形成了一股力量,把年轻一辈的中国人打压得毫无自信,助长了盲目崇美的肤浅风气。国力强盛的时期,当然经得起开玩笑;国力衰微的时候,负面的思想足以摧残年轻人的活力。正因为中国人一向"说归说,听归听,做归做",根本不当一回事,这才起不了太大的作用。但是,尽管如此,仍然造成了中国人相当严重的双重标准:看自己是"好人",看别人则通通是"坏人"。

以人际关系为例。中国人十分自豪:自己的工作是凭本事获得的。有人公开宣称:"我这一份工作,既没有送红包,又不需要请人介绍,完全是凭自己的学识和经验被选上的。"请问任何一位中国人,有没有愿意承认自己是例外的?根本用不着这样大惊小怪，徒然显得"此地无银三百两"，令人怀疑这是不是真的。我们对别人的说辞过分夸大，总认为相当虚假，因为这种平常事用得着如此强调吗，八成是假的。

人际关系本身是中性的，没有好坏。运用得恰当，便是良好的人际关系；用错了，用歪了，当然会产生不好的弊害。行为正当，不做贼心虚的人，对人际关系实在不必过分敏感。从好的方面思考，反而容易形成良好的效果，何乐而不为？

比较重要的是，中国人根本没有人际关系。我们一直把西方的人际关系移植过来，弄得大家的关系愈来愈紧张，难道还引不起大家的警惕？特别是家人关系，一旦变坏以后，想要恢复，恐怕很不容易。奉劝大家，多多预防，小心为要。

中国人重视伦理。自古以来，我们所建立的，是一种举世罕见的人伦关系，也就是把伦理融入人际关系，成为伦理气氛十分浓厚的人伦关系。

人伦关系和人际关系最主要的差异，在于前者重视"合理的不平等"，而不是后者所主张的"平等"。

西方人认为"人生而平等"，于是发展出一套平等的人际关系。在中国人眼中，这简直是没大没小。

中国人认为"人打从一出世，就不平等"，就算同一家庭、同样父母所生的子女，在资质方面也不相同。再加上出生时家庭的环境、父母的年龄与社会地位，也不一定一样，怎么可能平等呢？先天不平等，后天不可能也不应该完全加以漠视或改变，顶多合理地调整，做到合理的不平等，仍然不能够没大没小。

有人说："网络时代没大没小。"这似乎在告诉大家，没大没小是时代的潮流。大家抵挡不住，也不需要加以抵挡。这是一种不负责任的说法，凡是重视伦理的人，大概都不能够接受。我们反而认为，合乎伦理的要求，做到有大有小，才是大家所乐于见到的状况。

没大没小，和民主不民主没有什么关系。我们现在最糟糕的想法，便是把民主和法治放在一起，却抛弃了伦理。

对中国人而言，法不够用。因为很多人不喜欢违法，不做违反规定的事情，但是普遍喜欢动脑筋，做一些法律没有规定的事情。凡规定的都不违犯，没有规定的放胆去做。法律不够用，必须用伦理来弥补，才能收到预期的效果。

大家没大没小，关系发生不了作用。只要不违法，什么事情就都可以做，正是今日社会呈现某些不良态势的主要原因。要扭转这种不良态势，只有大家凭良心有所不为。一个人凭良心做事，往往十分困难。不重视关系的人，认为一人做事一人当，跟其他的人没有关系，很容易依据个人的喜恶、利害而做出不凭良心的行动。

自古以来，我们设置了形形式式的关系，无非在加强对个人的约束，使我们在自己之外，还会想到各种有关系的人，因而一言一行都格外谨慎。

有关系而不分大小，叫作人际关系。小的见识不多，往往自以为是，大声嚷嚷；大的年老力衰，为了不吃眼前亏，或者因得不到敬重而不愿意费神费力，反而息事宁人，采取低姿态而显得有气无力，经常被小辈看成没有道理。自从鼓吹人际关系以来，有识之士大多袖手旁观，无知的人反而大力作秀，丑态百出而不自知，大家看得十分清楚，只是不愿明说罢了。

关系必须有大小，彼此合理互动，才能够既有约束力，又发挥所长，收到密切配合的效果。

有大有小的人际关系，叫作人伦关系。这种不平等的关系，必须加以合理规范，称为合理的不公平。建立合理的不公平的关系，弥补法律的不足，对中国社会来说，实在是太重要的、不允许忽视的、更不应该拖延的态度。知而不行，很快就会丧失良机，欲振乏力。

不论人际关系或人伦关系，都有赖于良好的沟通。

现代人很喜欢说话，却大多不善于沟通。话说个不停，别人只觉得乏味而听不进去；说起来滔滔不绝，再加上说者能言善道，别人很快就会认为他强词夺理，分明是"睁着眼睛说瞎话"。传播界不断出现有话请说、有话实说、有话直说的观点，许多人也不知不觉掉入了"我有话要说"的陷阱。

中国人一向最明白"先说先死"的道理，如今居然忘得一干二净，似乎"先说先赢"已经成为现代人的信念。这究竟是进步的现象，还是不知道自身安危的困境？

许多年轻朋友听说"先说先死"，竟然皱起眉头，一副疑惑的样子。一些年岁不算小的朋友还会指责"先说先死"害得大家都不敢先开口，好像有生以来，受苦受难得还不够惨痛。难道真的时代变了，变到"先说先死"失去了真实性，不必再引以为戒？

一般说来，沟通大致可以分成三个层次，分别为沟而不通、沟而能通以及不沟而通。

这样，我们不难发现，大部分人都停留在"沟而不通"的层次。说了很多话，却收不到效果，无法达成预期的沟通目标。最可怕的是，若干沟通训练，只重视敢说、能说、爱说，结果愈来愈沟而不通。有的老板坦白地表示他的干部未受训之前，充其量是"有话不说""不愿意说出来"或者"不敢明说"；受过沟通训练之后，竟然"没有话也乱说"，拿着麦克风不放，却让人不知所云，主席话还没有说完，大家争着举手，急着要发言。

请问他如何面对这种情况，答案是"我说我的，他们举他们的，装作没看见"。一旦干部开始发言，他就看东看西，甚至和附近的人说话，暗示其赶快结束，不要浪费大家的时间。

有些干部看不懂老板的暗示，还会提出抗议，说什么"希望老板注意聆听干部的意见，以示尊重"，弄得老板啼笑皆非，大叹训练不但花钱，而且制造反效果。但是，主持训练的讲师，说得很有道理，写出来的书也相当畅销，使老板不得不也去听一听课，看一看书，结果劣币驱逐良币，才造成今天这种大家重视沟通，努力沟通却大多沟而不通的现象。

原因十分简单：一般讲师所说的，不外乎西方人的沟通法则，在中国社会非但功效不彰，简直就行不通。在管理活动方面，领导、沟通、激励和风土人情具有十分密切的关系，不可不特别小心，以免愈用功愈受害。

中国社会之所以"先说先死"，是因为我们非常重视道理，也就是爱讲道理。偏偏我们的道理大多是相对的，以致"公说公有理，婆说婆有理"，而且各有各的道理，很难分辨高低。在这种情形下，先说的人，由于一个时间，一张嘴巴，很难把道理说得十分周全，难免有一些漏洞。这些漏洞正好成为后说的人最好的攻击目标，这对先说的人当然相当不利。何况中国人的道理大多随时空而变易，可以说时间一改变，道理就跟着改变，要否定先说的人实在太容易了，只要随便提出一个变量，就可以弄得先说的人十分难堪。更妙的是，中国人常常依据说话的人是什么身份，来判断他所说的话有没有道理，只要身份更高的人出现，就随时可以否定先说的人所说的一切，这实在十分危险。如果把这些情况轻易地归为农业社会的落后心态，那就太小看中国人，因而看不懂中国人的高明了。

我们十分清楚，任何人所说的，都不过是片面的道理；大家所说的道理，充其量只能说是自圆其说。人家要支持，固然可以说出一大堆道理，使我们觉得很有面子。若是不表示支持，照样可以陈述许多道理，让我们颜面无光，备感羞惭。所以，说话的人为求立于不败之地，必须先摸摸清楚能不能获得对方的支持。然而中国人善变，谁也料不准结果会变成怎样，所以常常"先说先死"——话刚说完，说话者便被攻击得体无完肤，"死"得很难看。就算当场保住颜面，背后遭受批评，也够说话者受的。

当然，我们可以立即"报复"。于是，好好的沟通就成了你一句我一句的吵架。如此，哪里沟得通？这就是我们现在常见的情景：不开口则已，一开口就吵架，有什么光彩可言？

往昔中国人，若是通过衡量，预料达不成沟通的效果，很可能就干脆不说。有话不说，大不了引起对方的不愉快，大家的损失并不大。如果对方是有识之士，知道不说话并不代表无话可说，而是不知道该不该说，要怎么说才有效，于是制造沟通的渠道，来增强沟通的信心，添加沟通的气氛，反而容易制造沟而能通的美景。

沟而不通，理论上不应该称为沟通。我们不尊重"先说先死"的古训，使这种不愿见、不乐见却颇为常见的沟而不通现象，愈来愈严重，成为沟通的最大障碍。

我们既不可因"先说先死"而畏惧沟通，又不能因急于沟通，勇于沟通而忽视"先说先死"的道理。事实上，"先说先死"也不过是片面的道理。相对地，"不说也死"也十分值得我们重视。可惜我们一向过分重视"先说先死"，以致严重地忽视"不说也死"，才造成很多不利于沟通的错觉。

我们建议：首先，重温"先说先死"的哲理，提高大家的警觉，不必害怕先说，却必须谨慎地避免陷入"先说先死"的陷阱；其次，提出"不说也死"的警语，使大家不致为了害怕先说而干脆不说。我们必须在先说和不说之间，找出一个安全的平衡点，以期"说到不死"。安全、合理、有效的沟通，才是沟而能通的大道。

至于不沟而通，是一种高度的艺术。我们先求"说到不死"，再求沟而能通，逐渐走入不沟而通的境界，当然十分美妙！

我们所做的，其实是从最通俗的语言当中，发掘出最符合我们需求的人际关系和沟通理念，以期重建有效的现代化人伦关系。

## 01 中国人深受人际关系影响

中国人复杂的人际关系 003
中西方人眼中的人际关系 005
人际关系是个人成功的催化剂 009

## 02 中国人相处需要伦理道德加持

将伦理道德注入人际关系 015
中国人需要人伦关系 019
构建良好人伦关系的六大原则 023

## 03 人际关系发展的三个阶段

务实求本，为人诚恳 033
随机应变，择善固执 036
追求中庸，寻求合理 039

## 04 由己及人开展人际关系

认识自己，提升自我　　　　　　　　045
尊重家人，互相协作　　　　　　　　050
交友之道，守望相助　　　　　　　　056

## 05 营造成功的人际关系

做人十大要领　　　　　　　　　　　065
提高个人修养，善用社交媒介　　　　067
不自我设限，扩大交友范围　　　　　071
掌握人际交往技巧，学会努力忍耐　　073

## 06 在人际关系中持经达权

人际关系的六大共同原则　　　　　　079
人际关系常见的六种权宜措施　　　　088
经权配合，持经达权　　　　　　　　097

## 07 人际关系的艺术

人际关系要以诚恳为基础 103
人际关系中应有的基本态度 108
和谐是人际关系的理想状态 116

## 08 人际沟通的奥秘

良好的沟通是人际关系的润滑剂 125
什么是沟通 127
沟通的层次 134
沟通的原则 141
沟通的步骤 145

## 09 实现有效沟通

沟通的三大方式 153
巧用非正式沟通渠道 161
沟通的方向 168
沟通的有效途径 176

## 10 全方位突破沟通困境

扫除沟通四大障碍 187
突破沟通的两难困境 195

## 11 沟通的艺术

了解对方的言默之道 209
交浅不言深，让对方先开口 212
以情为先，通情达理 215
明其真意，听懂弦外之音 218

结语 226

## 01

## 中国人深受
## 人际关系影响

西方人认为个体先于群体而存在，
只有每个个体都自由发展，群体才能自由发展。

中国人认为"群体先于个体"，
要"在群体中完成个体"。

既然个体必须在群体中生存发展，
在群体中完成自我，就离不开良好的人际关系。

人际关系是个人成功的催化剂。

假定努力和机会都为1，人际关系良好，成功的概率会以几何倍数增加；
人际关系不好，会对成功造成巨大的障碍。

## 中国人复杂的人际关系

有一位美国青年特地来到中国，做有关"中国人的人际关系"的学术论文。他费尽苦心想要了解中国人常说的"有关系，没关系；没关系，有关系"的真相。他研究了整整一年，依然一头雾水，不明白中国人为什么那样喜欢讲关系，而且搞好关系，真的在中国社会"兜得转、吃得开"，似乎无往不胜。

他最关心的问题，有下列几个：

首先，样样讲关系，对自由竞争的市场会不会产生负面的影响？

其次，讲关系的结果，还能够维持公平的法律制度吗？

最后，关系重于一切，怎么依法办事？对制度的破坏力、对法律的挑战性要如何因应？

这真是一位有心人，并且似乎抓住了问题的要点。相信这些问题也是现代中国人亟待解决的。

首先，让我们想一想，中国人自古以来，是不是十分擅长讲关系。

请看我们对亲戚、朋友的称呼，除了六亲、九族、宗亲、乡亲之外，还有同学、同事、同行、同好、同志，几乎稍微一牵连，便可以牵出一大堆关系（见图1-1），而且这些关系还有亲疏之别。不同的关系可能产生不一样的功能，牵来扯去，也可能发生各种不同的变化。可见，人际关系的复杂性，中国堪称举世第一。

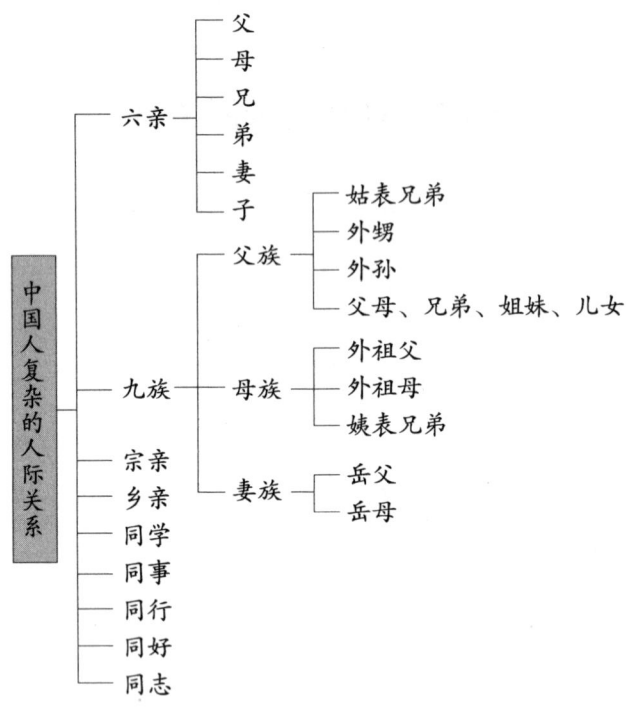

图1-1 中国人复杂的人际关系

## 中西方人眼中的人际关系

中国人喜欢比来比去。有时候，喜欢比较也是知己知彼、进一步接近事实的好方法。对比中国文化和西方文化，虽然二者都承认"个体"和"群体"的存在，但是彼此在"个人"和"群体"谁先谁后的观点上截然相反。

西方人认为个体先于群体而存在，一切群体都是人为契约所造成的。所以，西方文化"个体重于群体"，认为每一个人都是独立自主的个体，既具有自由意志，又拥有独立人格。比如，西方人吃西餐，每人一份，各吃各的。吃中餐也是如此。有时，中国人看到西方人吃中餐，大家都点同样的食物，就会觉得很纳闷：为什么不可以点不同的食物，大家交换着品尝呢？但是，西方人的观点是：吃饭这一类的事情，完全是个人的行为，与别人无关。既不能对别人要吃什么表示意见，又不必关心别人到底要吃些什么。各自点餐，各自付费，与他人无关。

西方人认为，只有每个个体都自由发展，群体才可能自由发展。这正是中国人所不愿看到的"各人自扫门前雪，休管他人瓦上霜"的情况。各管各的，固然有高度的独立性，但是这样一来，人与人之间的关系就淡漠了。

中国人认为"群体先于个体"，知道群体是天然形成而不是后天人为契约所造成的。远古时代，人的力气比不上许多动物，人的躯体也远比许多动物衰弱，但人之所以能成为万物之灵，完全是由于人能合群，有群体的思想。

有些人因此批评中国社会压制个体，侵害了个体的自由，妨碍个体的独立意志。其实，深一层想，中国人的观点是"在群体中完成个体"，通过群体的协助、提携和成全，个体才比较容易完成自我。

因此，群体中的人际关系，对中国人而言，变得非常重要。如果人际关系不好，大家不愿意帮忙，那么就算身处群体之中，也将得不到众人的协助。这时候群体等于一种形式，并未对个体提供实际的助益。若是人际关系良好，大家乐于帮忙，"同心协力，众志成城"，就可以发挥集体的力量。而且，"多人帮助一人"，可以让个体获得众人的成全，个体获益必然更大。有些人乐于享受群体的成全，却又抱持个人主义，吝于成全他人，有好处就想起个人，要求独自享受；有责任时想起群体，要大家一起分担，这种人只有独立性而缺乏自主性，受损最大。

这种"群体先于个体"的观念，对中国人的人际关系的影响颇为重大（见图1-2）。

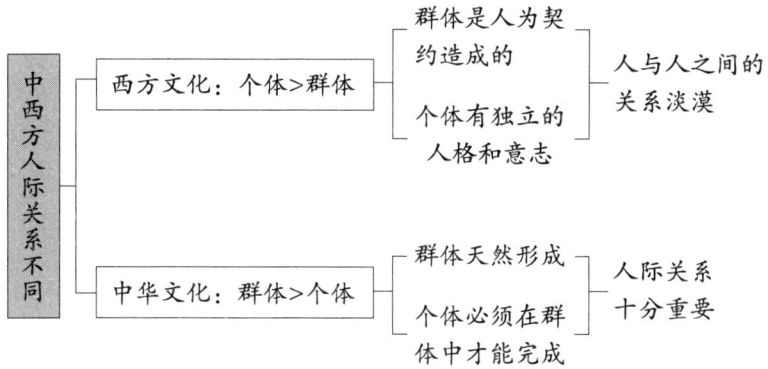

图 1-2 中西方人际关系不同

群体既然是天然形成的，人际关系自然以"母子"这一最原始的血缘关系为起点。古代先民只知有母，不知有父。现代有许多家庭，由于父母离异，以致父子关系还不如兄弟姐妹关系来得密切而重要。父子关系再向外推，便出现祖父母、外祖父母等家人，然后推及父族、母族、妻族等家族以及同一姓氏的宗亲，算是血缘关系的逐层开展。

血缘关系是中国人人际关系最重要的一环。中国人若是被骂为"六亲不认"，恐怕是十分不得人缘、不受欢迎的人。

血缘关系再向外推，就涉及地缘关系。因地缘关系联系到一起的人，我们称为乡亲，意思是居住在同一地方的人。在血缘和地缘关系之外，中国人还可以用同学、同事、同行、同志等关系，来拉近彼此的距离（见图 1-3）。

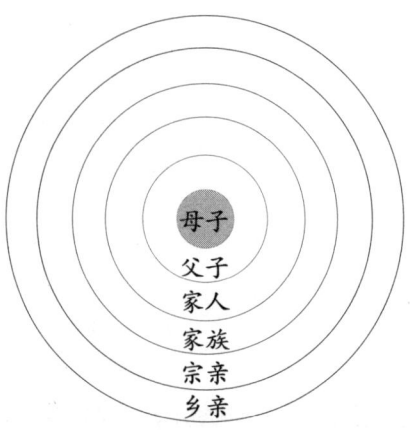

图 1-3　中国人的关系圈

中国人由近及远建立关系，目的在于通过团结、和合、融洽的精神，以获得众人的力量，来达成预期的目标。可惜现代有一些人，提起任何关系都是十分漠然，一副"又如何"的样子。这种人已经属于"六亲不认"而不自知，还认为一切理所当然。和这种人交往，令人产生"一次已嫌太多"的感觉，希望下次不要再和他往来才好。

## 人际关系是个人成功的催化剂

大家都追求成功，那么在追求成功的过程中，到底是努力比较重要，还是机会比较重要呢？我们认为，二者都很重要。如果用公式来表示二者和成功之间的关系，可表示为：

成功＝努力＋机会

一个人想要依靠自己单独的力量来完成自己的理想，当然可以通过努力和等待或创造机会以求获得成功。但是，努力属于个体可以掌控的范畴，还比较容易自主，把握在自己的手中。至于有没有机会、能不能创造机会，就谁也没有把握，因其属于"听天由命"（意为不可掌控）的范畴了。

如果获得了机会，自己也非常努力，是否就一定能获得成功呢？答案是不一定。因为在中国，个人能否获得成功还有一个关键性因素，那就是人际关系，它通常扮演着催化剂的角色。它与成功、努力、机会三者之间的关系可表示为：

$$成功 = （努力 + 机会）^{人际关系}$$

假定努力和机会都为1，人际关系好坏会对成功的结果产生巨大的影响：

$$（1+1）^0=1$$
$$（1+1）^1=2$$
$$（1+1）^2=4$$
$$（1+1）^3=8$$

从以上对比可见，人际关系良好，成功的概率会以几何倍数增加，真可谓事半功倍；反之，人际关系不好，会对成功造成巨大的障碍。

没有人完全依靠人际关系获得成功，除非他具有相当的能力。但是，即使他能力再高超，如果缺乏良好的人际关系，也不能够顺利地获得成功，除非他痛定思痛，在人际关系上有所改善。人际关系和成功的密切关系由此可见一斑。

但是，在现实生活中，很多人把营造人际关系看成十分负面的东西，似乎"好人"从不在这方面费心思，只有心术不正的人才会热衷。这样的心态对人际关系的认识，自然倾向于偏激和轻视。还有一些人，由于自己不擅长营造人际关系，眼见他人因良好的人际关系而获得利益，也可能基于嫉妒或不满的心理，对人际关系产生重大的反感。

与以上轻视人际关系的人相比，现实中，还有一些人走向了另一个极端，认为成功就是搞好人际关系，他们用心造成了不正常、不正当的人际关系，然后用来营私舞弊、祸国殃民（见图1-4）。这种人际关系所带来的弊端，的确使得许多人为之心寒，以致非常害怕人际关系，认为构建人际关系只有害而没有利，因此不重视也不研究人际关系。

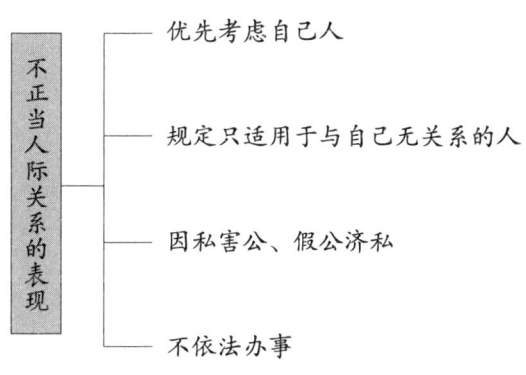

图 1-4　不正当人际关系的表现

关系有好也有坏，关系所产生的效果同样有好也有坏。所以，我们应当以积极的心态看待人际关系。人际关系若是运用在合理的地方当然很好。但是，假公济私、因私害公，不能依法办事，那就是不正当的人际关系，绝对应该避免，以免危害公正的立场，违反自由竞争的市场法则。不过，在法的许可范围内衡情论理，仍有赖于人际关系的良好与否。所以，要求别人对自己通情达理，仍需平日多多注意自己的人际关系。

不必小看自己，一下子就把人际关系及其效果都看成负面的东西。给自己一些信心，走向正当的方向，走上正常的途径。

## 02
## 中国人相处需要伦理道德加持

人伦是人类文明进步中最为重要的产物。
轻视伦理，使得人类越来越像其他的动物。

伦理其实就是我们常说的做人的道理。
按照做人的道理来建立合理的人际关系最为理想。

必须把伦理和人际关系结合起来，加以同等重视。
凭良心营造的人际关系，就叫作人伦关系。

现代人紧张、忙碌，实际上是由孤单、寂寞引起的。
只有重视人伦关系，才能恢复休戚与共的和谐。

# 将伦理道德注入人际关系

## 中西方的"法"与"理"

西方文化以科学、法律和宗教为主，比较偏重对真理的探求。由于求真，所以重视证据、数字和事实。中华文化以道德和艺术为基石，比较着重对价值的创造。由于求善，所以重视直觉、感受和仿效。

在人际关系方面，西方讲求依法寻找合理的途径。人人重视法定的权利与义务，如有纠纷和冲突，即诉诸法律途径，依法寻求合理的解决。西方人对法律有信心，总认为法律面前人人平等，依法可以获得公平的待遇。人人守法，就能够获得应有的自由。前文所述的那位美国青年，最关心的三个问题事实上都离不开法律的框框，可见，他满脑子都是自由竞争、公平法则、依法办事，一切以法为中心。

中国人讲求"两把刷子"，我们为了和谐，也为了关怀，常常把

"依法寻找合理"这把"刷子"暂时隐藏起来，先注重道德、各凭良心搞好人际关系以获得合理的结果。孔孟并不对人的生活提出若干戒律，却推崇尧、舜、禹、汤、文、武、周公等圣贤，便是提醒大家在搞好人际关系的时候，千万不可以忘记这些先贤留给我们的行为典范。希望大家记住道德教训，一切凭良心，就能合理。

把"依法"暂时隐藏起来，并不是不依法，而是先由情入理，大家有面子地凭着良心讲道理。如果有效，当然求之不得；若是情理走不通，再来依法办理也不晚。

## 人际交往应该遵循伦理道德

人与人的关系固然十分复杂，但归纳起来，也不外上司与部属、父母与子女、丈夫与妻子、兄姐与弟妹以及熟人与陌生人这五种。《中庸》说："君臣也，父子也，夫妇也，昆弟也，朋友之交也，五者天下之达道也。"意思是说，君臣、父子、夫妇、兄弟和朋友，是天下人共同具有的五种关系。孟子则将伦理和人际关系结合在一起，提出父子有亲、君臣有义、夫妇有别、长幼有序和朋友有信五种人伦关系（见图2-1）。

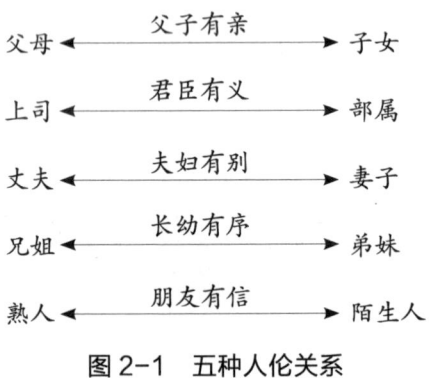

图2-1　五种人伦关系

其中，父子并不是专指父亲和儿子，通常我们说父亲的时候，也包括母亲在内，因为父母是一体的，不可分也不必分。同样，说子的时候，也包括女在内。所以，双亲和子女之间的关系必须以亲爱的感情为主，而不是一天到晚讲究礼仪和交谊。若是经常"家法"伺候，恐怕两代之间的关系就会变得很差了。上司和部属之间最要紧的是彼此互相敬重，夫妇之间要有合理分工，兄弟姐妹之间必须尊重大小次序，而朋友之间要以诚恳、信实为重。这五种关系是人生不可或缺的，可以说人人都需要。这五种主要的伦理也是人际交往中应该遵守的原则。

把人做好，上下、左右、前后都合理兼顾，再复杂的关系都能够安排得合理妥当。先成功做人，再来好好地做事，人人重视伦理，才能够发挥人伦关系的正面效果。

## 用伦理道德规范人际关系

中国人十分重视做人做事，而人际关系就是做人。只会做事而不会做人，人际关系搞不好，一下子得罪一个人，一下子又得罪一个人，很快就会把人都得罪光了，还怎么能够好好做事呢？可是，一般人提及人际关系，总认为那是一种"讨好别人""奉承长上、请求利害""争权夺利"的"邪门歪道"。其实，这些负面的效用都可以用伦理道德来加以改善。那些圆滑、奸诈、见不得人的不正当人际关系，严格说起来，都是缺乏伦理道德的结果。

做人讲求技巧，免不了有一些权谋、圆滑、奸诈的味道，这引起了很多人的疑惧。这时候注入伦理道德，可以使权谋变成权宜应变，因时制宜，圆滑变成圆通，而奸诈也变成机警，让大家认为此人很会做人，是容易共处的人。

做人的技巧一般人不愿意公开，更不敢传授他人的原因，就是怕人听错了，弄巧成拙；或者用错了，反而害人。深一层的理由则是人际关系技巧必须注入伦理道德才能生效。若是只学技巧，而不重视诚信等伦理道德，不但不能收效，反而易于导致尔虞我诈，到最后甚至会出现两败俱伤的情况。

所以，做人不可以玩弄权谋。许多人误把圆通、应变看成讲求谋略，其实应该是策略才对。做人可以有策略，不必讲谋略，换句话说，就是一切要求正当合理，不应该有不正当的念头。

# 中国人需要人伦关系

## 圆满大于是非

从幼童的教养开始，中西方培养出了不同的人际关系。在西方家庭，如果出现兄弟姐妹吵架的情况，父母基于"依法处理"的概念，大多扮演法官的角色，明辨是非：哥哥对而弟弟错的时候，弟弟就应该向哥哥道歉；反过来也是一样，并没有什么伦理上所说的"兄弟长幼有序"的顾虑。这样教养出来的子弟，当然只有法治观念而缺乏伦理精神。中国家庭并不如此，兄弟吵架时，父母好像不太重视谁是谁非，往往同时责令两人都面壁思过。事实上父母心中有数，谁对谁错也不难判别，只是我们主张"大是非重于小是非"，而且"对也不见得有用"，所以，要让孩子在面壁的过程中体会出"兄弟不可以吵架"的道理。一旦有所争吵，并不是分出是非就可以解决的。

那么，分出是非对不对？对，很对，可惜把人际关系弄坏了。请问这种"对"到底有什么用？对，把上司气坏了；对，把客户赶跑了；对，部属就是不愿意配合。对，又有什么用？所以，请记住：错，绝对不可以；对，有时真的没有用。

"对，没有用。"这是深入了解中国式人际关系的最佳切入点。西方人没有接触到这种观念，当然难以理解。因为我们在对和错之外，更加关心圆满不圆满的问题。我们固然十分厌恶是非不明的人，然而是非分明却不够圆满的人，其人际关系仍然不可能良好。可见，我们的人际关系随时随地要合乎伦理道德的标准。因此，中国人的人际关系应该称为人伦关系（见图2-2），用伦理弥补法律的不足，凭良心应该比守法纪更为可贵。

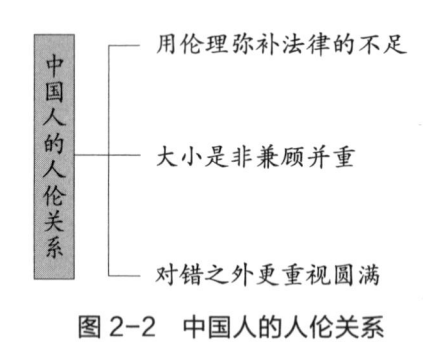

中国人的人伦关系
- 用伦理弥补法律的不足
- 大小是非兼顾并重
- 对错之外更重视圆满

图2-2 中国人的人伦关系

## 加强和谐的人伦关系

现代社会，人们过着紧张、忙碌的日子。尽管大家都不喜欢这种生活方式，却又十分无奈，认为这种生活方式势所必然，很难加以改变。

人类追求自由，得到的却是相反的结果——不能自由地选择自己的生活，决定自己的行为。

其实，紧张、忙碌只是表面现象，真正的原因乃是寂寞。寂寞几乎成为每一个人生活的一部分，不但让人难受，而且容易让人陷入孤独：有话想要说，找不到适当的对象；有乐趣想要共享，又害怕遭受拒绝。于是，楼上楼下不相识，左邻右舍见面不打招呼，一家人各自面对一台手机，宁可整天用手机和远方的朋友聊天，也不愿意和坐在旁边的家人或朋友说话。这样的人能不寂寞吗？结果人们不得不借助紧张、忙碌来排遣寂寞，这才是现代人最大的苦恼。

这些苦恼是由于没有适当的调剂、没有时间多思考以及没有亲友可以商量造成的。

没有适当的调剂，身心得不到适当的放松，人们很容易日久成疾。这时人伦关系如能和谐，大家彼此关怀，就会觉得社会没有那么可怕，竞争也没有那么残酷，心情也不会那么紧张。

没有时间思考，人就会更加忙碌。如果忙中有错，时时为了补救过失而增加工作，岂非忙上加忙？唯有在和谐的人伦关系中共同思考，互相提醒对方可能出现的过失，才能减少无谓的忙碌。

没有亲友商量，人难免寂寞。特别是某些事情很难对外人启齿，或是说出来外人也不便参与，那就更加让人觉得苦闷。这时，与具有和谐关系的亲友彼此协商，正是排解寂寞的良方。

当亲友的关怀逐渐消减，家人不一定亲密，作秀的人愈来愈多的时候，我们更应该从自己做起，加强人伦关系，通过关怀、思考和协商来化解紧张、忙碌、寂寞的心绪（见图2-3）。

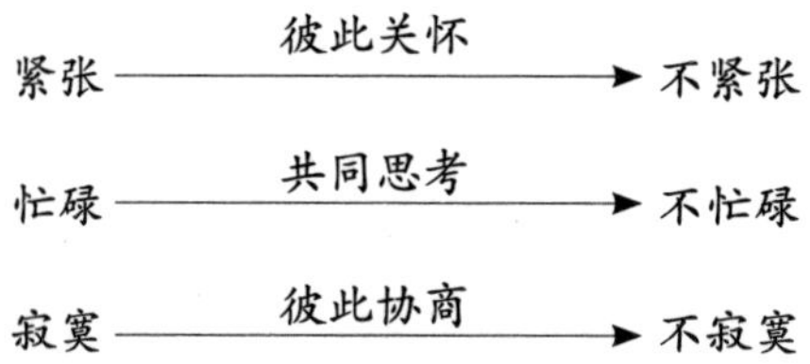

紧张 —— 彼此关怀 → 不紧张

忙碌 —— 共同思考 → 不忙碌

寂寞 —— 彼此协商 → 不寂寞

图 2-3　和谐的人伦关系

## 构建良好人伦关系的六大原则

依照传统的伦理道德，人们在相处中应该遵循六大原则（见图 2-4）。

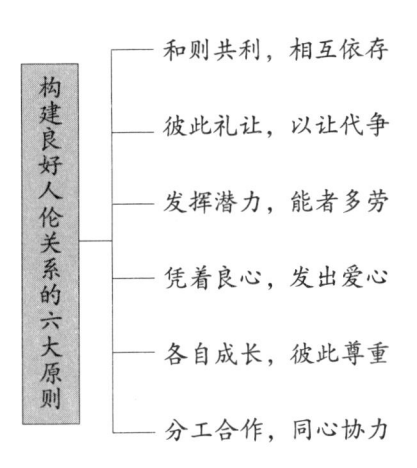

构建良好人伦关系的六大原则
- 和则共利，相互依存
- 彼此礼让，以让代争
- 发挥潜力，能者多劳
- 凭着良心，发出爱心
- 各自成长，彼此尊重
- 分工合作，同心协力

图 2-4　构建良好人伦关系的六大原则

## 和则共利，相互依存

一加一可能小于二，叫作事倍功半；一加一可能等于二，成为"一分耕耘，一分收获"；一加一也可能大于二，便是事半功倍。这当中的秘密，在于人伦关系和谐与否。

每个人在生存的状态下，都不可能不与他人发生关系，所以，这种关系最好不是紧张的关系，而是共存共荣的和谐关系。任何人想要成功，既要把握住机会，又要靠别人的支持。单打独斗的时代已经过去，忽视别人的力量不可能成功。事实证明，由于人伦关系不良而被辞退的，是因为工作能力不好的两倍。一个人人伦关系良好，就可以得到各种专才的协助，成功的概率比较大。因此，现代人必须明白"和则共利"的道理，才能够互相依存，共同实现理想。

得到他人的帮助，未必就是一件不好的事情。固然有人营私舞弊，同流合污，却也有人群策群力，成其美事。所以，只要人伦关系合乎伦理的要求，大家凭良心，互助互利，就没有什么不好。

机会加上努力，若是得到人伦关系的助力，必然事半功倍。

## 彼此礼让，以让代争

为了讲求和谐，中国人发展出一套"以让代争"的艺术。竞争既然无法避免，那么用礼让来代替竞争最为和谐。

我们倡导礼让为先，主张"退一步海阔天空"，似乎中国人一切以忍让为原则。实际上，我们也鼓励当仁不让，谁最合适由谁来，这时就不应该再辞让。

让来让去，好像在推、拖、拉，如果让到最后，什么人都不肯做，便是盲目的推、拖、拉，不但浪费时间，还耽误正经事，成为众人厌恶的圆滑，人际关系必然很差；让到最后，由真正合适的人来处置，便是合理的推、拖、拉，叫作圆通，这才是良好的人伦关系。同样是推、拖、拉，如果是刻意用它来推卸责任，根本不想解决问题，那就是可恶的圆滑；若是运用它来减轻阻力、降低竞争压力，同时圆满解决问题，那当然是圆通。二者过程相同，而结果完全不同。我们必须明辨，才不致产生误解。可惜现在有很多人分不清圆通和圆滑，以致破坏了"以让代争"的传统，弄得是非不分，甚至视圆通为圆滑，错怪了真正圆通的好人。

所以，在人伦关系中，不必盲目排斥推、拖、拉，也不可以刻意推、拖、拉，最好以推、拖、拉来解决问题，是为上策。

**发挥潜力，能者多劳**

俗语说："活到老学到老，学到老学不了。"意思是说，学习是没有止境的，无论处在人生的哪个阶段，都是需要不断学习的。

生而知之的部分，一生下来就知道，不用学也会；学而知之的部分，只要"学而时习之"，边学边用，也不难学会。但是，困而知之的部分，那就非经过磨炼才能获得。所以，任何人要发挥潜力，都必须接受更为艰难的挑战，适当地激发潜在的能力，使其能够充分发挥出来。

更重要的是，必须打破"给多少钱才做多少事，出多少力"的观念，发挥"才也养不才"的爱心，把多付出看成多获得磨炼的机会，因为能发挥潜力比多赚钱更重要。

人可分为"才"和"不才"两类,有才的人先天丰厚,后天又有良好的学习环境,当然比"不才"更有能力。这时候如果斤斤计较报酬,有才等于无才,岂不可惜?若能抱持"能者多劳"的理念,并且功成不居,仍然十分谦让,在人伦关系方面必然取得显著的成就。

人人皆有潜在的能力,一辈子不发挥出来,就等于没有潜力。如果大家让来让去,发觉自己是合适的担当者,就应该当仁不让,勇敢地承担下来。

有表现最好感谢大家把机会礼让给自己,而不是斤斤计较能得到多少酬劳。有能力固然是自己很用心的结果,但更应该明白能力大多来自先天的禀赋。如果抱着感恩、能者多劳的态度,表现得多一些、好一些,岂不更加愉快,何必一定要在物质所得方面耿耿于怀。

## 凭着良心,发出爱心

有人主张爱心是与生俱来的;有人认为爱心是经由学习才能激发出来的;也有人宣称失去爱心是十分残酷的事情,从而促使大家重新评估爱心的价值。

不管怎样说,要发出爱心,必先凭着良心。

基本上,任何人爱人之前,一定要先爱自己。一个不爱自己的人怎么可能去爱别人?先自爱,使自己充满了爱,然后才有多余的爱来爱其他的人。自爱才能爱人,而自爱就是凭良心,所以说,爱人之前先凭良心。

凭良心的另一种说法叫合理。爱得合理,发出合理的爱心,便是凭良心的表现。

爱心本身并不复杂，令人觉得复杂的其实是人。人有个体差异，也有不同的处境，爱得合理不合理因人、因时、因地而变易，所以很不容易判定。

希望人伦关系良好，必须养成和自己的良心对话的习惯，以期对自己的良心进行合理的掌控。良心之声每天 24 小时全年无休地播放着，可惜我们忙于听取世俗的资讯而不去收听它。凭良心，就是先使自己安静下来，用心和自己的良心沟通。因为良心会说话，心安，自然理得。凭良心，才能够爱得合理，而不是到处散布不合理的爱，成为人伦关系的破坏者。

每天午夜，也就是夜晚 11 点到凌晨 1 点之间，称为子时，是良心之声最清晰的时候。此时若能静下心来，和自己的良心对谈，应该可以得到很多凭良心才能得到的答案。遭遇难题时，不妨试试看。

### 各自成长，彼此尊重

人生是一个"自作自受"的过程，每一个人都必须各自成长，对自己负起全部责任。但是，人毕竟是群居动物，需要与他人互动，彼此影响，所以，"敬人者人恒敬之"成为人伦关系中十分重要的法则。

"敬"用现代话来说就是"看得起"。看得起别人，别人才会看得起我们，便叫作"敬人者人恒敬之"；反之，看不起别人，别人同样看不起我们，这样才合乎"互相""彼此"的交互定律。可见，率先看得起别人，是人伦关系中"自作自受"的最佳起点。

我们大多了解"敬人者人恒敬之"的道理，但往往实施得不够理想。根本原因在于我们通常存在"希望他人率先看得起我"的想法,以致刻意观望,不能率先行动。若能人人主动,由自己做起,亦即率先以礼敬人,那么,人们就能互相尊重,人伦关系也必然良好。论交情、讲辈分、搞好人际关系,希望在和谐的气氛中顺利解决问题,正是对"敬人者人恒敬之"理念的实践。

每一个人,不论在家庭、邻里、学校、机关乃至社会,都存在着各种各样的关系,希望这些关系都能建立得很好,必须切实做到"将心比心,设身处地"。如果自己看不起别人,却希望别人看得起我们,恐怕是十分困难的事。

## 分工合作,同心协力

单打独斗既然行不通,就必须合群,打"组织战"。有了组织,必然需要分工。但是,分工容易削弱整体的实力,使得整体趋于支离破碎,甚至使人生出浓厚的本位主义思想,从而影响合作的效果。

不能不分工,但分工容易出现弊大于利的情况。好在人有合群的天性,只要观念正确、脑筋清楚,应该就可以做到既有分工又有合作。

要做到这一点,就要明确"分工是为了合作"的概念。如果不能合作,那就用不着分工。不能达到合作的效果,分工就会失去价值,如此一来,不如各搞各的,可能更好些。

明确概念后,大家要建立共识,确定共同的目标,还要坚定共同的决心。只有这样,才能产生良好的互动行为,达到预期的合作目标。

组织必须具有协同一致性,大家的力量才能够结合在一起,产生合力。组织成员共同体会和认知和则共利、互依互存的必要性,依据彼此礼让、以让代争、发挥潜力、能者多劳的原则，既能凭着良心来发出爱心，也能各自成长且彼此尊重，当然容易做到既分工合作又同心协力。

以上六大原则是构建良好的人伦关系不可或缺的配套要件，就人伦关系谈人伦关系远不如从这六大方面着手更加周到、有效。

03

# 人际关系发展的
# 三个阶段

务实、不执着、中庸，
正好代表了人际关系发展过程中的三个不同阶段。

第一阶段讲求务实，实实在在做人、规规矩矩做事。
务实求本并且诚恳待人，乃是人际关系的基础工程。

第二阶段是不执着，不执着就是我们常说的随机应变，
重点必须放在"不可不变，不可乱变"上面。

第三阶段叫作中庸，真正的用意在于寻求合理。
变来变去都合理，做到无一事不合理，就叫作中庸。

先求务实，再学不执着，然后再不固而中。
三个阶段要按部就班，以便一步步改善自己的人际关系。

## 务实求本，为人诚恳

人际关系发展有三个阶段，即务实、不执着和中庸。三者之间是层层递进的关系（见图3-1）。

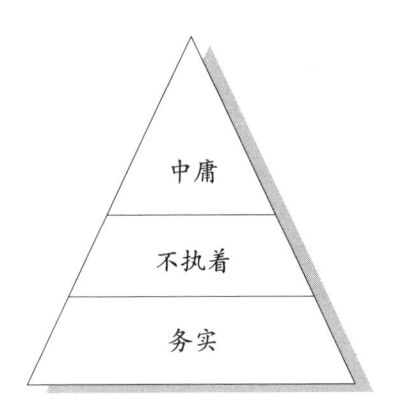

图3-1 人际关系发展的三个阶段

务实求本是人际关系发展的第一阶段，属于人际关系的基础工程。我们都知道，做人实实在在、做事规规矩矩是中国人安身立命的基本原则。具体来说，就是诚实做人，不得损害任何人的利益，并且以诚恳的态度对待别人。做事实在，为人诚恳，人人都欢迎。

任何人要获得成功，有两条路可走：一是正道，一是偏锋。以务实的方式来建立人际关系，属于正道；用欺诈的方式来建立人际关系，即为偏锋。循正道获得成功，才是实至名归，值得敬重；因偏锋而获得成功，不过是欺世盗名，并无多大价值，徒然惹人背后耻笑。中国人厌恶权术而欣赏艺术，便是由于艺术才是务实求本的方式与技巧。

做人的根本是实在。求本就应该务实，务实才是真正的求本。所以，求本和务实原本是一样的，那就是实实在在做人、规规矩矩做事，二者缺一不可，必须兼顾并重。古人说，知道自己的愚笨就是聪明人。一个人由发现自己的缺失到改变自己的行为，正是务实求本的实践。知过必改，是对待自己的最佳途径。

要打好人际关系的基础，做好人际关系的基础工程，首先要多听少说。人人都有一双眼睛，这是要我们多看（多观察）；都有两只耳朵，是要我们多听（多倾听）；都有左右脑，是要我们多想（多思考）；都有一个嘴巴，则是要我们少说（少说话）。可是，现在我经常看见传媒宣传："我有话要说"。这种观点不知道害惨了多少年轻人。有话当然要讲，只是在讲之前，必须经过许多思虑和历练，才能不害人害己。

初出社会的年轻人就算满腹经纶，也不能够忽略一点，即书本上的理论不过是一般性的，而社会上发生的事情却是现实性的。现实社会充满特殊性，并非书本上那些一般性理论所能够涵盖的。为了避免滥发议论而屡屡碰壁、饱尝挫折，年轻人最好多看、多听，先了解环境，再适应环境，然后才来动脑筋改造环境，最后才有能力合理地创造环境。

关于社会中正面、负面的状况，也要多看、多听、多问，暂时先不急着发表自己的意见。少开口并不是不开口，而是看准了，想明白了，才开口。这样言必有中，每一句话都合理，正是建立人际关系的优良条件。胡言乱语只会让人家看不起，降低自己的信用。

够条件、有本事，还要加上时空合适，才能够有话直说，不然的话，说出一些话来固然痛快，却也要无可避免地承受某些痛苦了。

先培养条件、练好本事，然后抓住时机、看准场合，再来有话就说，应该比较妥当。有条件的有话直说、有话就说是一种十分圆熟的境界，并不是任何人都能够这样的。把它摆在前面，当作努力的目标，应该比较安全。若是一下子就要如此，恐怕吉少凶多，少试为妙。记住"祸从口出"的警语，小心说话，才是做好人际关系基础工程的最佳保障（见图3-2）。

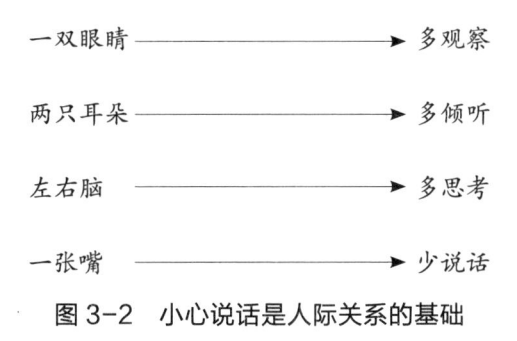

一双眼睛 ——————→ 多观察

两只耳朵 ——————→ 多倾听

左右脑 ————————→ 多思考

一张嘴 ————————→ 少说话

**图3-2　小心说话是人际关系的基础**

但是，实实在在做人、规规矩矩做事不过是人际关系的基础工程，做好它并不表示一定能够成功。所以，只有先把基础工程做好，再在上面建造一些"高楼大厦"，这个工程才显得富丽堂皇。实实在在、规规矩矩只是本分，守本分之外，需要进一步持经达变，培养自己的随机应变能力，才能获得成功。

# 随机应变，择善固执

人际关系发展的第二阶段为不执着。我们知道，务实求本是人际关系的基础，但人际关系如同逆水行舟，是不进则退的。如果不能随时注意调整，久而久之，人际关系就只会转坏而不可能转好。所以，真正务实需要不执着的修养，才能够适当地调整策略，使人际关系的根本得到稳固。

不执着就是我们常说的随机应变。任何事情都需要因人、因地、因事、因时而制宜，不可以一成不变。变来变去都能够务实才是真正的务实。否则，实际到动摇根基，岂不是徒然使自己失去务实求本的信心？因此，在确保务实基础的前提下，求取进阶的应变才能更为务实。

天下事并非是一成不变的，而是时刻都在变的。所以，我们必须富有改善意识，运用敏锐的眼光，发挥自己的智慧，不断寻求改善人际关系的方法，以期人际关系能够日新又日新。依凭这种态度来调整人际关系，就算终其一生只有少数几位亲朋好友，也不会感到倦怠，反而会兴致盎然，充分体会"人是旧的好"。

不执着的重点，必须放在"不可不变，不可乱变"上面。不可以一心求新求变，却忘掉了务实的根本；也不应该抗拒变革，不利于固本。有所变还要有所不变，所以称为"以不变应万变"（见图3-3）。

图 3-3 在务实的基础上不执着

孔子讲"学则不固"，意思是刚开始学习时不要固执，更不要固执于自己所学到的东西，其实就是要求人们不执着。但是，不执着并不是永远都不执着，总不执着，就不可能有所作为。不执着的目的在择善固执，善的标准是随着时空的变化而变化的。时机未成熟，不必急于执着；时机成熟，那就应该当机立断，立即执着。采取不执着的心态来执着，以期执着得恰到好处，才是不执着的真意，才是真正的随机应变。

由学则不固到择善固执，其中有一项十分重要的因素，那就是时空。配合时空的变化，从所学的多元方案中，选择最合理的解决方案便是择善固执。所以，随时随地由不执着而执着，有原则地随机应变，目的就在于寻找此时此地最合理的解决方式。时空一改变，执着的态度也应该相应地改变（见图3-4）。

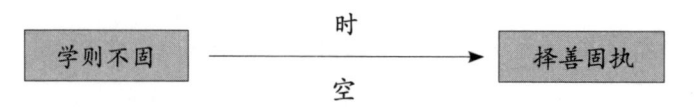

```
学则不固  ——时空——>  择善固执
```

**图 3-4　因时空变化从学则不固到择善固执**

不执着是一种准备心态，随时依据实际需要做出合理的选择，形成执着的决断。站在不执着的立场来执着，以免执着得有偏差，同时也不致犹豫不决影响决定的做出，耽误决定的时机。随机应变并不是一味求新求变，而是"应该变才变，不应该变就不能变"的"有所变有所不变"，这样才能够有效。说起来，正是因为现代人不理解"以不变应万变"的真意，才产生了很多误解和质疑。其实，"以不变应万变"是变，而不是不变；以不变的原则来应对万变的变化，是最恰当的不执着态度，也是中国人最高明的交往智慧。

# 追求中庸，寻求合理

执着如果有时对，有时不对，是执着得不合理的证明，这就需要我们继续修行，勤加磨炼，以求"不变则已，一变便合理"，达到中庸的境界。

长久以来，我们都误解了中庸的真意，以致有些人一提中庸就很反感，认为中庸阻碍了我们的进步。其实，中庸就是合理，无一事不合理就叫中庸。如果我们一方面要求合理化，另一方面又否定中庸，那简直就是一大笑话。

中庸之道，实际上便是一切求合理，这是人际关系最高的层次。孔子说："射，有似乎君子，失诸正鹄，反求诸其身。"意思是说，射箭很像君子的做人之道，射不中箭靶的中心，不要怪来怪去，要从自身找原因，怨自己的功夫不够。自己做不到合理，不必怨中庸，应该反过来问自己："为什么凡事合理对我而言如此困难呢？"

择善固执已经相当困难，要求不固而中，一执着便合理，当然更加不容易。但是，我们不可以因为它不容易达到便放弃，反而要接受这种高难度的挑战，力求突破。方法不固定，程序不固定，但是无论如何，都必须要命中目标，达到预期的效果。这是不固而中的主要精神，也就是"不出手则已，一出手就要击中要害"的意思。不固而中看起来随随便便，实际上一点也不随便；看起来马马虎虎，实际上丝毫都不马虎。要达到这种程度，必须时时用心，勤加练习。走捷径、求速成是不可能的，因为不固而中不是一朝一夕、不做练习就能够达到的（见图 3-5）。

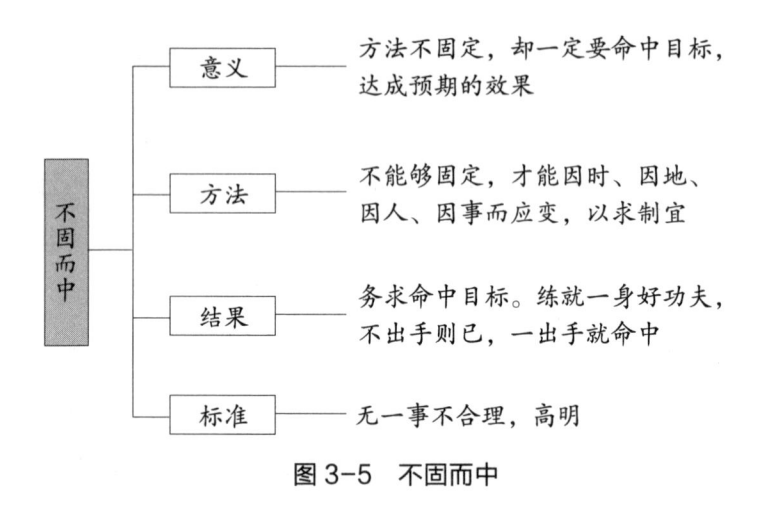

不固而中
- 意义 —— 方法不固定，却一定要命中目标，达成预期的效果
- 方法 —— 不能够固定，才能因时、因地、因人、因事而应变，以求制宜
- 结果 —— 务求命中目标。练就一身好功夫，不出手则已，一出手就命中
- 标准 —— 无一事不合理，高明

图 3-5　不固而中

我们不得不承认，中庸的确很难达到，但是不可以因为困难便否定它的存在与价值。相反，它值得我们努力一辈子，成为我们终生努力的长期目标。

人际关系的合理化，不仅在于努力提高不固而中的能力，还有赖于自己的声望。尽管中国人很讲道理，却往往把道理和人连接在一起。同样一句话，声望不够的人说出来，便是人微言轻，很少有人加以理会；换一个有声望的人说出来，马上显得有分量。

中国社会经常有理讲不通，而且可能越辩论越各有所偏而难有交集。这个时候如有声望高的人出来裁决，往往容易沟通。因为大家都对他有信心，知道他不一定公平，但是相当公正，因而寄望于他，把他当作沟通的桥梁。所以，声望高低在人际关系中十分重要。

但是，声望的培养相当困难，不是一朝一夕就能实现的。培养自己的沟通能力是比较可行的途径。

人际关系有许多地方离不开沟通。不刻意说服，却圆满地沟通，说话说得让对方听得进去，不强施压力，使对方产生反感，又能够引起对方的共鸣，进而引发共同的行动，才是最有效的沟通。良好而有效的沟通是建立和谐人际关系的主要方法，是大家都必须努力达到的目标。

沟通良好，才能在和谐的气氛中彼此协调。此外，培养声望还需要重视伦理道德，使大家觉得这种尊重他人的态度值得敬重，从而给予他相当的信任。久而久之，声望就建立起来了。这是急不得的，必须经过时间的考验。

## 04

# 由己及人
# 开展人际关系

由亲及疏是人际关系开展的顺序，
推己及人则是开展人际关系的最好法则。

自己与自己的关系是人际关系的起点，
能和自己好好相处，人际关系才可能良好。

在家靠父母，出外靠朋友，
要本着互相尊重、互惠互利的原则尽量扩大朋友圈子。

人是群居动物，无法脱离其他人，
相互尊重、彼此关怀，是基本修养。

从自己到其他人，一层层向外扩展，
务求扩大人际关系圈，以便顺利开展人际关系。

# 认识自己，提升自我

## 公正、科学地评价自己

前面已经说过，只有能够接受自己的人，才能使自己的身心得到充分的发展，以期获得和谐的人际关系。但是，人必须认识自己，才能与他人产生良性的互动。

怎样了解自己呢？我们最好冷静下来，客观地审视一下，自己究竟有哪些优点，又有哪些缺点。刚开始的时候，我们可能会有些敷衍，因为我们总认为已经很了解自己，用不着花费太多时间便可以完成"知己"的工作。其实不然。

要了解自己，我们可以拿一张纸，画出自我平衡表（见图4-1），然后点燃一炷香，告诉自己至少要花费一炷香的时间来反省，绝对不容许自己马虎了事。当然，用计时的钟表等来控制时间也可以。

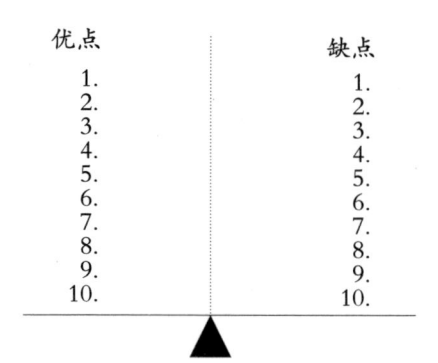

```
        优点                    缺点
        1.                      1.
        2.                      2.
        3.                      3.
        4.                      4.
        5.                      5.
        6.                      6.
        7.                      7.
        8.                      8.
        9.                      9.
        10.                     10.
                    ▲
```

图 4-1　自我平衡表

这样，我们一次又一次地审视自己，深入挖掘自己的优缺点，并且逐一记录下来。一炷香烧完了，看看成果如何，不满意的话，可以再做一次。

在自我平衡表中，优缺点未必一定平衡，一边多一边少是常见的现象。但是，我们应该尽量寻求平衡：优点多，再想一些缺点；缺点多，也想出一些优点来。这样一来一往，比较容易想得周全，也想得深切。写得越清楚、正确，对自己的评价越有助益。

自己评估自己所得到的答案究竟正确与否，实在没有十分具体的测量标准。有些人对自己很宽容，优点列举得多，缺点写得很少；有些人则刚好相反，简直不能原谅自己。

因此，为了保证评价的客观性，我们最好请两三位自己信得过，且对自己又有相当了解的长辈、同事、家人或朋友，诚恳地要求他们客观地将我们的优缺点依实列举出来。

选择评价我们的对象很重要，他们必须是平日常接近、有足够的机会了解我们，并且为人公正、肯据实相告的人。只有这样，评价才有效果。同时，自己也可以借着这个机会推测一下答案可能是什么，换句话说，评估一下自己在这几位人士的心目中具有何等的形象。如果双方结果相当接近，就表示自己有些知人之明；若是相去甚远，也可以趁机寻找原因究竟何在。

实际上，要请到这样的人士不是不可能，只是相当困难。一般人大多不愿意当面指出对方的缺点，以免引起对方的反感，对自己不利。就算勉强答应，也多半多说优点而尽量少提缺点。这时候我们一定要尽量表现诚意，多问几次。当他人提及缺点时，自己必须欢欢喜喜地接受，既不可以找理由辩解，又不能够面露愠色，一副受误解的样子。只有把对方的真实感受引出来，才比较容易接近事实。随后将别人对自己的意见加上自己对自己的评估综合起来做成表格，便构成了美国心理学家乔瑟夫·勒夫（Joseph Luft）与哈里·英格拉姆（Harry Ingram）所提出的乔哈里资讯窗（Johari Window）（见图 4-2）。

|  | 自己知道 | 自己不知道 |
| --- | --- | --- |
| 他人知道 | Ⅰ 开放领域 | Ⅱ 盲目领域 |
| 他人不知道 | Ⅲ 隐藏领域 | Ⅳ 未知领域 |

图 4-2　乔哈里资讯窗

第一扇窗是开放领域。该领域把自己和他人同时了解的优缺点都列举出来。自己认定如此，别人也持有同样的看法，有目共睹，人知我亦知，开放得无所隐瞒。

第二扇窗是自己未曾留意的盲目领域。该领域包括别人能看出而自己全然不知的优缺点。特别是某些怪癖和习惯，往往不经他人指点，自己并不清楚。

第三扇窗是自己清楚而别人尚未觉察的隐藏领域，属于人所不知的部分，如有这样的缺点，正好可以赶快改正。

第四扇窗是自己和他人都不清楚的未知领域，反正只有老天知道，暂时可以不必管它。

把这四扇窗都填写清楚，便可以逐一加以审查。人知我也知的开放领域，可以当作填写正确与否的评估标准：如果完全没有或过多，基本上都不属实，最好再找原来填写的人好好讨论一番，重新填写。

未知领域暂时让它空白，目的只在提醒自己：还有许多自己和别人都不了解的地方；对于人所未知的隐藏领域，好的要多多发扬，不好的应该尽快改正，但不必张扬；而己所不知的盲目领域部分最需要小心处理。

四个领域各有作用，需要好好填写，并且逐一考察，力求符合实情。

## 改变自己，提升自我

了解自己的目的在改变自己，也就是实现自我提升。但是，人绝对不可能完全自动改变。事实上，很多人的人格形成和童年时代的经历有着密切的因果关系。所以，我们可以经由追溯了解自己最初的生活形态，寻找出自己的创痛，从而对自己的某些不良行为有所认识，就能够彻底改变原有的行为。

我们也可以遵循自我创造的原则，在实践中逐渐改变自己。自我创造原则指出：我们每做一次，就会增强做这个行为背后的意念和动机。换句话说，我们把信念或感觉真正付诸行动之后，我们才会更加相信这一理念或者加深对理念的感觉。

所以，养成良好习惯是逐渐发扬自己优点、改正自己缺点的有效途径。每一个人都是自由的，要养成哪些良好习惯，应该由自己来选择、来决定（见图4-3）。

| 了解自己的童年，追溯坏习惯形成原因 | → | 充分运用自我创造原则，培养良好习惯 |

图4-3 自我提升两步法

我们常说："三岁看大，七岁看老。"不过，这并不代表一切习惯在三岁至七岁之间就完全固定下来，无法加以改变。但我们必须提醒大家，小时候一定要养成良好习惯，否则长大后就很难改变。但是，很难改变并不表示完全不能改变。我们所要做的就是排除万难、合理地加以改变。

用新的好习惯来取代原有的不良习惯，应该是一种比较有效的方式。不是杜绝、制止，而是调整、改变。先了解，再求适应，然后才来改变，一步一步向前推进，当然有效。

# 尊重家人，互相协作

**用人伦增强家庭凝聚力**

中国家庭重视父子、兄弟姐妹、夫妇三方面的人伦关系，认为一家人就是一家人，必须遵守家庭伦理，确实做到父义、母慈、子孝、兄友、弟恭以及夫唱妇随（见图 4-4）。

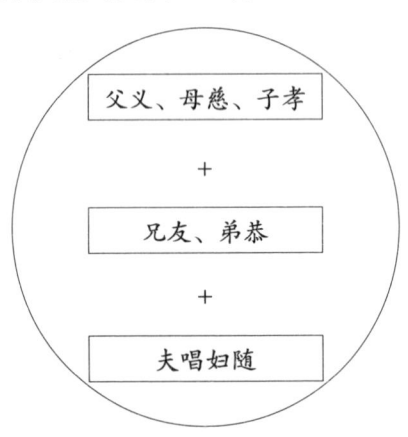

图 4-4　用人伦凝聚家人关系

我国家庭首重父子关系，孝敬父母是天经地义的事。虽然现在社会对孝道的重视程度有所减弱，但大多数的中国人仍以孝敬父母为天职，这真是可贵的现象。中国人讲究事亲要顺，且越顺从越孝敬。但是，并不是说子女对父母要百依百顺、毫无原则。父母有不了解的法律规定，子女必须耐心加以说明，使其明白而自动改变主意，这也是一种孝敬的表现（见图4-5）。

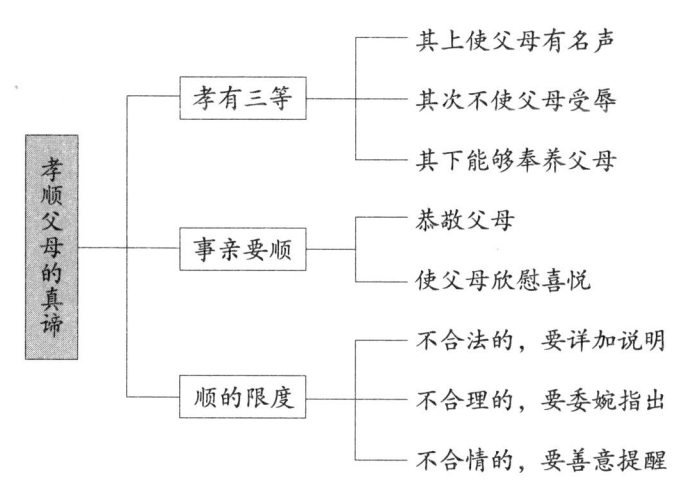

```
                        ┌── 其上使父母有名声
              ┌ 孝有三等 ┼── 其次不使父母受辱
              │         └── 其下能够奉养父母
              │
孝顺          │         ┌── 恭敬父母
父母   ───────┼ 事亲要顺 ┤
的真谛        │         └── 使父母欣慰喜悦
              │
              │         ┌── 不合法的，要详加说明
              └ 顺的限度 ┼── 不合理的，要委婉指出
                        └── 不合情的，要善意提醒
```

图4-5　孝顺父母的真谛

父兄的责任在教养子弟。为了使亲情能够长久维持，在教育过程中，尽量不要责骂他们。兄弟彼此年龄相近，更不能互相指责，以免积久成仇。兄弟友爱、彼此勉励才是正道。

父母在子女幼小时要注意培养他们的良好习惯，以免子女长大后才责怪父母对自己不好。兄弟是否友爱，幼年时期的家教十分重要，若长大了才加以要求，恐怕已经来不及了。孝顺且友爱兄弟的人，才能享受天伦之乐。

孝顺父母和友爱兄弟应该是一体两面，若是只做到其中之一，很可能是伪装的、暂时的。如果两面都能够兼顾，那就可能是真的。

家庭成员应互以对方为重。换句话说，我们特别重视个人对家庭的责任，希望在家庭中实现个人，而不是为了实现个人忽略甚至伤害家庭。

某些老板强调传贤不传子，便是公开宣称自己的子弟不贤，这种只顾自己却伤害家人的做法并不值得鼓励。传贤也要以自己的子女为先，这才合乎中国人亲疏有别的伦理观念。尽管血浓于水并不表示不分是非、不论贤愚、不管好坏，一定非自己的亲人不可。但是，血毕竟浓于水，如果亲人与外人同等贤能，当然以自己的亲人为先。如果自己的亲人真的不贤，这时候再考虑传给不是亲属的贤人，对自己的家人才有交代。如果一定要传贤，也不应该公开出来，否则自己的亲人将作何感想？

尊重家人其实是尊重他人的具体表现，一个人若是不尊重家人，外人怎么敢相信他对我们这些外人的尊重是真心的？对自己的家人都不尊重，怎么可能无缘无故地尊重其他的人？这种人给大家的感觉必然是小心为妙。

## 争做"坏人"，再论是非

一家人如果人人抢着当"好人"，有过失就推给别人，就会吵闹争执，过得都不愉快；如果人人争着做"坏人"，把过失揽过来，将责任担起来，大家就会心平气和地检讨、改正错误，家庭自然充满互助合作的和谐气氛。

家人利害相关，一味查核谁对谁错并没有实际的益处。个人没有错，家人出了差错，自己必定受到牵连；自己犯了错，全家人也会跟着受罪，这才是我们应该深切体会和认知的事实。

有差错当然需要检讨，目的在补救，而不是单纯的责罚。各自承认错误，错误比较容易水落石出；互相争功诿过，往往造成混乱。所以，争着做"坏人"比抢着当"好人"更能够查明真相。同时因为没有互相指责的场面，大家不容易意气用事，也比较有面子来提出建设性的意见，对补救的效果而言是十分有利的。

出差错的时候，如果父母率先承认自己的疏失，子女就会敢于坦然承认自己的缺失。但是，一般的情况则刚好相反，父母往往一下子把责任推给子女，子女生怕承担不起这么重大的责任，以致找借口逃避，甚至离家出走。

过失是抢出来的，不是推出来的。抢来抢去，过失就自然水落石出。若是推来推去，谁也不敢承认，谁也不愿意说实话，常常推给那些不善辩解、不敢推诿的"冤枉人"，对解决问题没有任何好处（见图 4-6）。

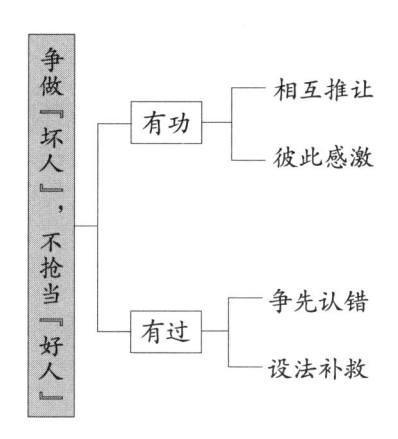

```
                    ┌─ 相互推让
              ┌─ 有功 ─┤
争做"坏人"，   │        └─ 彼此感激
不抢当"好人"  ─┤
              │        ┌─ 争先认错
              └─ 有过 ─┤
                       └─ 设法补救
```

图 4-6　争做"坏人"，不抢当"好人"

争做"坏人",真正的坏人才会现形;抢当"好人",结果谁也当不成好人。

家人和谐相处、相亲相爱,这是大是;彼此明争暗斗、互相伤害,即为大非。大是大非之下,当然还可能产生许多是非,都应该被视为小是非。对于小是非,家人应该彼此体谅、互相劝勉,因为大是非比小是非更重要,千万不要为了小是非而争执不休,结果害了大是非。"争千秋不争一时"和"争大是非,不争小是非"的道理是相同的。

尽管大是非比小是非重要,但小是非也不可等闲视之,更不可视而不见,只是不必小题大做,弄得伤害家人的感情。应该在一家人就是一家人的情分下,尽心尽力去化解这些小是非。如果心里明白血缘是割不断的,那么,在解决小是非时,心情就会放松些。

中国人常常在子女发生争执时不问是非,便命令他们一起面壁思过,因为兄弟姐妹不能吵架是大是非,兄弟姐妹为什么吵架只不过是小是非。大是非应该优先处置,所以父母先让吵架的子女一起面壁思过,以此告诫他们以后不可以吵架,否则共同受罚。

大是非解决之后,再来分小是非。让他们一起面壁之后,再分别询问子女为什么吵架。这时候子女因为被罚情绪不再高昂,自然一切好谈,从而大事化小,小事化了。子女一吵架,父亲就立即明辨是非,看起来好像很有判断力,实际上很容易造成子女之间的是非而让他们伤了和气,实在得不偿失。

最重要的是,家长在处理是非时必须公正,不可偏心。家长若公正,子女也会给予其决定更多的尊重,而且心无不平,结果自然易于大事化小,小事化了。

## 亲戚多交往，要自制

亲戚是家人的扩大。由于很多亲戚都和我们有血缘关系，按理应该十分亲近和谐。不过，如果平日很少交往，以致见面时也不认识，那亲戚也就有名无实，有如陌生人了。

往昔人们安土重迁，亲戚大多比邻而居，往来并不困难。现代人出于求学、就业的需要，常常搬家，甚至居无定所，这时候就必须主动和亲友联系，以免日久失去联络，愈来愈缺乏共同的话题，导致就算见面也没有什么话讲的结果。

除了年节团聚之外，亲戚之间要多寻找一些相关事宜互相商量、彼此协助，才能增进彼此的感情。但是，交往的时候，大家都应该自制，尽量使彼此的关系合理。特别是亲戚之间容易开口提出要求，更要在开口之前先自行审慎斟酌自己的请求会不会让对方为难，或者采用试探方式，先了解情况，再开口要求。此外，在有能力的时候，也应该主动照顾亲戚，切不可得意忘形，轻视他们，导致无谓的误会，滋生不必要的埋怨。

同时，大家都必须互相尊重，并且率先为对方着想。一旦自己有不对的地方，最好当面道歉，这样才能维护亲戚之间互亲互爱的关系。

亲戚之间最忌讳比来比去。亲友的可贵在合理的互相关心、彼此帮忙，而不是夸耀自己的成就，或者刻意把别人比下去。因为个人的成就很多时候都是家人亲友善意成全的结果，感谢都来不及，有什么好炫耀的？多关怀、多协助才是亲人的样子。

# 交友之道，守望相助

## 亲疏有别，扩大朋友范围

有些人主张父母和子女应该像朋友那样相处，我并不赞成。家人就是家人，不是朋友。父母生我，朋友断然不能生我，这才是事实。

不过，家人以外，我们应该尽量扩大朋友的范围，把邻居、同事、同业、同乡、同宗等，甚至比较疏远的亲戚也看成朋友，这是相当符合时代潮流的做法（见图4-7）。

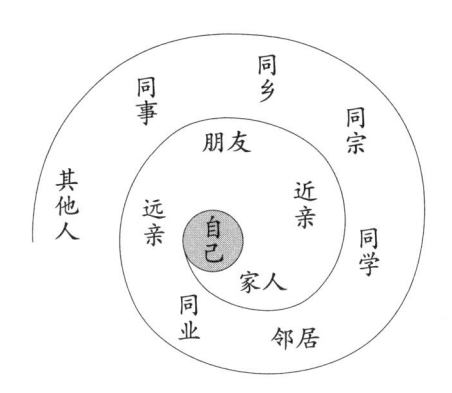

图 4-7　亲疏有别，扩大朋友范围

朋友有亲疏之分，至于谁亲谁疏，显然因当事人的主观选择而有所不同。有些人认为远亲不如近邻，把邻居看得比远方的亲戚还要亲。有些人则因为和左邻右舍靠得太近了，以致时常发生摩擦，反而和远方的亲戚常常打电话问好而觉得跟他们十分投缘。在现代社会，人们不必像过去那样把身边的人区分得那样细，大致上分成家人、亲戚、朋友和一般人，分别表现出合理的态度就可以了。

朋友之间由疏而亲，有赖于双方共同的努力。一方面推己及人，另一方面设身处地、易地设想。经过一番交往，增进彼此的认识，逐渐信赖而日趋亲密。

朋友之间固然免不了利害关系，应该尽量减轻它的分量。由道义入手比从利害上着眼更能结交可贵的朋友，因为利害只能测量交情，道义才能获得知己。凡是要求别人、希望别人做到的事情，最好都先反求诸己，也就是率先以身作则，这样大家才会一起响应。

## 邻里之间要自制友爱

邻里相处最好具有"远亲不如近邻"的意识，知道社区的安宁必须大家协同一致才能实现。有人修养不好，可能成为社区和谐环境的隐患，但大家都有法定的自由，只要不违法，好像谁也拿谁没有办法。这时候只好互助互谅，多协助他、关心他，让他自己改变。除此之外，实在别无良策。

邻里之间要处得融洽，必须认清守望相助对大家的好处。大家具有彼此扶助的理念，并且率先由自己做起。后搬进来的人家可以逐家拜访先住进社区的左邻右舍，旧有人家也可以举办迎新会欢迎新来的住户。要真诚希望结识对方，才有实质上的意义，否则就算天天碰面，还是谈不上认识。

社区应该形成良好风气。诸如不要背后议论他人是非、不必管人家的闲事、不可邀约邻居打牌聚赌、适当约束自己的家人、管好自家饲养的宠物、自己当心火烛、自己控制发出的音量（以免形成噪声）、自己维护自家的环境卫生等，这些都是维护社区安宁、促进邻居互助的必要修养。


## 对上司合理顺从

上司也是朋友，只是应该尊重他的职位与职权。对待上司的态度与通常所说的"听话"刚好相反，不是顺从就好，而是不盲从。不盲从绝对不是不必服从或不要顺从，而是顺从得恰到好处，换句话说，就是要先站在不盲从的立场来顺，才不致乱顺或盲目顺从，才会顺得恰到好处，合乎中庸之道所要求的合理化。

上司的决策合理，当然要顺从；如果不合理，不可以盲目顺从。因为万一上司所做的决定是错误的，顺从势必把他害惨，这才是不盲从的主要精神。

不盲从并不代表部属觉得上司的决策不合理时可以当面顶撞。上司固然是朋友却应该先接受他的意见，表示顺从，让他觉得我们心目当中有他的存在；然后检讨一下，问题出在哪里，在单独和上司相处时，委婉地把问题提出来，向上司请示，让上司自己了解不合理的地方而自行调整。这样做会使上司觉得有面子，也知道改变的结果会比较好，就会对部属心生感激。切不可企图改变上司，使得他觉得没有面子，到头来，吃亏的还是部属（见图4-8）。

先接受不顶撞 → 再思考找出症结 → 私下请示让上司自行改变

图4-8 合理顺从的真谛

## 对部属真诚关心

对上司而言，如果能够把部属当成朋友，甚至是帮助自己做事的好朋友，相信更能获得部属的信任和支持。

西方人比较偏向工作导向，认为工作时间就应该专心地工作，因为工作压力大，这导致大家逐渐厌恶工作。中国人最好采取关怀导向，不必过于强调专心，因为我们自动养成了一心多用的习惯，同时可以兼顾若干事情。一般来说，中国人天不怕，地不怕，就怕人家关心他。

硬性规定他们如何如何，往往得不到效果。但是，上司一关心，他们就很容易把自己连人带心交给上司，工作也变成是自己要做的，因而兴趣浓厚，工作起来自然没有压力。

关心部属，主要表现在为部属解决困难，并且尊重他的意见，让他充分享受工作成就感，最后说声"辛苦啦"，使他觉得自己真的很重要。

当然，如果有意如此，也就是硬性规定"我关心你，你一定要报答我"，同样收不到好的效果。上司对部属关心只有是自发的、真诚的、不带附加条件的，部属才会感动，从而自动、认真地把工作做好。

## 同事之间平等互惠

同事之间之所以常常为某些小事争执不休甚至明争暗斗，主要原因在于不把彼此当作朋友看待。其实，认真想来，今天大家不欢而散，将来也可能又碰在一起，那时岂不是彼此都很难过？若是换一种态度，把同事看成朋友，马上就会觉得同事亲切得多。

但同事并不都适合做朋友。有些人抱着"你我只有公谊，不需要私交"的观念，凡事公事公办，从不涉及私人事务。这种人只是同事，不是朋友。有些同事并非如此，他们除了公谊之外，还会找机会建立私人感情，互相关心彼此的私人事务。这种人比较容易在同事之外变成朋友。

抱着交朋友的心态和同事打交道，其实对双方都有好处。因为"朋友之间无议论，同事之间很计较"。同事之间难免有业务上的竞争，容易形成本位主义，互相排挤。双方一旦变成朋友，彼此志趣相投，比较容易将心比心，互相帮忙。把同事变成朋友，大家才会长久相处。

要把同事变成朋友，必须从自己做起，让大家明白"与我打交道，绝对不会吃亏"，建立自己的信用，使同事放心协助自己。帮忙过后，记得及时言谢，哪怕是当面或打电话说几句感谢的话，也会使对方下定决心下次更加热心帮忙。如果有奖金、荣誉，更应该与对方共享。这一切行动都要自己来实践。人人争着走出第一步，整个风气就会改变，由明争暗斗、彼此憎恨变成互助合作、互相感谢。坚持"我助人，人才会助我"的信念，比较容易成功（见图4-9）。

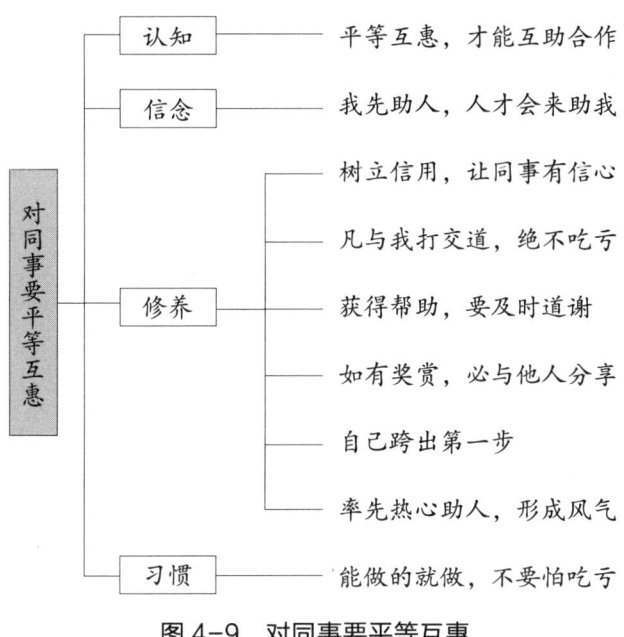

```
                   ┌─ 认知 ── 平等互惠，才能互助合作
                   │
                   ├─ 信念 ── 我先助人，人才会来助我
                   │
                   │         ┌─ 树立信用，让同事有信心
                   │         ├─ 凡与我打交道，绝不吃亏
对同事要平等互惠 ──┤         ├─ 获得帮助，要及时道谢
                   ├─ 修养 ──┼─ 如有奖赏，必与他人分享
                   │         ├─ 自己跨出第一步
                   │         └─ 率先热心助人，形成风气
                   │
                   └─ 习惯 ── 能做的就做，不要怕吃亏
```

图 4-9　对同事要平等互惠

至于自己和其他人的关系，我们将在第七章加以探讨。

## 05
## 营造成功的人际关系

一表人才，两套西装，是做人的基本修养。
三杯酒量，四圈麻将，是社交生活必要的媒介。

五方交友，各行各业的人都不必排斥，
人际关系扩大，交往的范围才会随之变大。

六出祁山，七术打马，八口吹牛，
都是建立良好的人际关系应有的技巧。

九分努力，还要加上十分忍耐，
唯有能忍人所不能忍，才能长期维持良好关系。

做人"十要"，缺一不可，样样都要用心兼顾，
人际关系良好，做人做事都比较容易获得成功。

# 做人十大要领

自古以来，中国人就十分重视人际关系。

我们当然知道个人非常重要。但是，我们更明白，个人要有所成就必须获得他人的协助。孤单的个人根本没有办法完成大事，人与人的相互依赖才是社会进步的主要源泉。

人与人能不能相互依赖，并且通过分工合作来产生更大的合力，要看这些需要相互依赖的人彼此之间的关系如何。关系良好，大家同心协力、众志成城，自然产生巨大的力量；关系不好，彼此钩心斗角、貌合神离、笑里藏刀，甚至互相破坏，那就毫无建树了。

由于重视人际关系，经过多年的经验累积，民间流传着一个口诀，即做人"十要"。这做人"十要"由一至十，分别为一表人才、两套西装、三杯酒量、四圈麻将、五方交友、六出祁山、七术打马、八口吹牛、九分努力和十分忍耐（见图5-1）。这一口诀简明易记，很具参考价值。

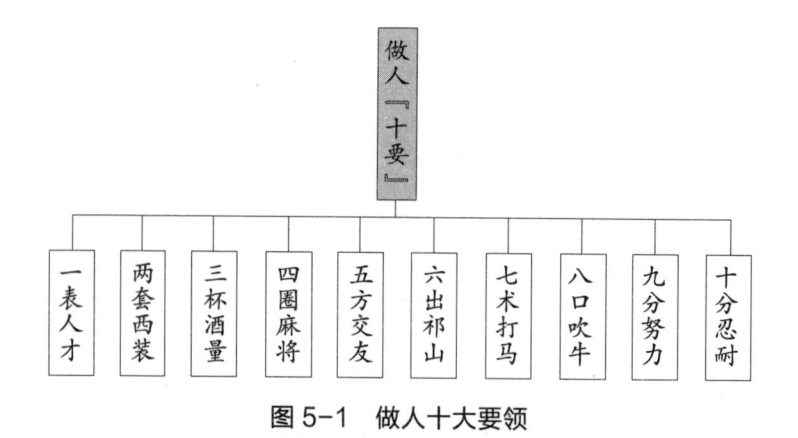

```
                        ┌─────────┐
                        │ 做人"十要"│
                        └────┬────┘
    ┌──────┬──────┬──────┬───┼───┬──────┬──────┬──────┬──────┐
  ┌─┴─┐ ┌─┴─┐ ┌─┴─┐ ┌─┴─┐ ┌┴─┐ ┌─┴─┐ ┌─┴─┐ ┌─┴─┐ ┌─┴─┐ ┌─┴─┐
  │一 │ │两 │ │三 │ │四 │ │五│ │六 │ │七 │ │八 │ │九 │ │十 │
  │表 │ │套 │ │杯 │ │圈 │ │方│ │出 │ │术 │ │口 │ │分 │ │分 │
  │人 │ │西 │ │酒 │ │麻 │ │交│ │祁 │ │打 │ │吹 │ │努 │ │忍 │
  │才 │ │装 │ │量 │ │将 │ │友│ │山 │ │马 │ │牛 │ │力 │ │耐 │
  └───┘ └───┘ └───┘ └───┘ └──┘ └───┘ └───┘ └───┘ └───┘ └───┘
```

**图 5-1　做人十大要领**

其中，一表人才和两套西装属于个人的基本修养；三杯酒量和四圈麻将则是社交活动必要的媒介；五方交友才能扩大人际交往的范围；六出祁山、七术打马和八口吹牛，都是营造良好人际关系的技巧；九分努力、十分忍耐是人际关系良好的保证。

从一数到十，是孩子们常做的练习。把手上的十个手指头数完，成功的十大要则已经牢记在心，剩下来的事情就是用心去实践、认真去执行。唯有在做中学，把十大成功要则融入实际的日常生活之中，天天实施，时时反省改进，才能确保人际关系早日获得成功。

# 提高个人修养，善用社交媒介

## 个人的基本修养

一表人才和两套西装属于个人的基本修养。两者的目的都在给别人留下良好的第一印象（见图 5-2）。

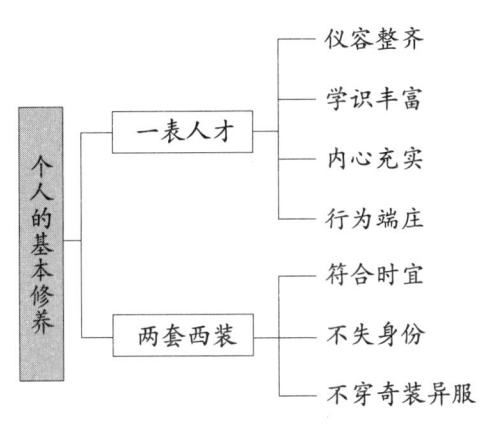

```
                 ┌─ 仪容整齐
          ┌ 一表人才 ┼─ 学识丰富
个人的     │        ├─ 内心充实
基本     ─┤        └─ 行为端庄
修养      │        ┌─ 符合时宜
          └ 两套西装 ┼─ 不失身份
                   └─ 不穿奇装异服
```

图 5-2　个人的基本修养

我们都知道不要以第一印象来论断别人。因为人不可以貌相，一眼就能看穿别人实在是不可能的。

但是，别人常常以第一印象来论断我们。往往第一次见面，对方用眼睛大略地扫视一下我们，就以为已经把我们看得一清二楚了，因而表现出一副欣赏或不屑的样子。

为了防止别人以第一印象论断我们，为了让我们免于经常受到鄙视或排斥，丧失许多建立人际关系的大好机会，我们必须用心调整自己，做到"一表人才"和"两套西装"，使人一见就产生比较良好的印象。

一表人才，主要来自一个人的修养。18岁以前的相貌由父母的遗传来决定，但是，18岁以后的相貌可以通过学习和修炼来加以改变。学识丰富、内心充实、行为端庄，加上仪容整齐，不就是一表人才了吗？心一改变，外表也跟着改变，大家不妨试试看。

佛要金装，人也要衣服来装扮。两套西装并不是指冬天、夏天各有一套像样的服装以充门面，而是指人在不同的场合应该穿着合适的衣服。比如，夏天要穿夏天的服装，冬天要穿冬天的服装，游泳时要穿泳衣，宴会时穿礼服，登山穿登山服，在家才穿睡衣，务求做到适当而不违时、不失身份，也不怪异，免得引起别人的不满，甚至非议。

有些人喜穿奇装异服，因为除此之外，简直找不到让人家注目也让自己觉得自己确实存在的理由，这实在是一种毫无自信的表现。笔者奉劝持有这种想法的朋友，不妨想一想：如果有一天，当大家不再好奇，不再看一眼奇装异服的时候，那该怎么办？

## 善于利用社交媒介

三杯酒量和四圈麻将是指人们通过适当的社交媒介建立良好人际关系的方法（见图5-3）。

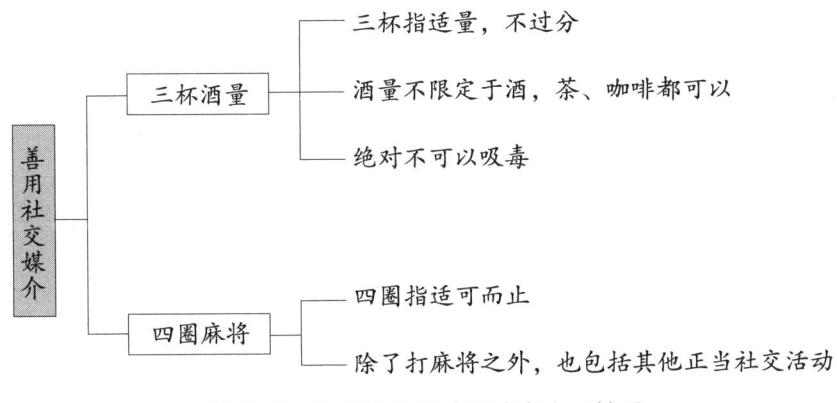

```
善用社交媒介 ─┬─ 三杯酒量 ─┬─ 三杯指适量，不过分
              │            ├─ 酒量不限定于酒，茶、咖啡都可以
              │            └─ 绝对不可以吸毒
              └─ 四圈麻将 ─┬─ 四圈指适可而止
                           └─ 除了打麻将之外，也包括其他正当社交活动
```

图5-3　社交媒介有助于建立人际关系

酒量指正常社交活动所饮食的东西，包括酒、茶、咖啡等在内，但不涉及毒品。人与人在各种活动中认识彼此，通过饮食进一步逐渐互相了解，不但自然，也有益身心的健康。这样发展出来的人际关系大多正常而互有助益。如果完全不予理会，也并非良策。

但是，如果此类活动不加节制，不但不会增进关系，反而会误事。所以，酒量只能是"三杯"。这里的"三杯"并不是确定的数字，而是指适时、适地、适质、适量，这样可以保持彼此愉快，确保彼此安全。

说到麻将，笔者当然不会鼓励任何人去打麻将，但是也不鼓励大家对打麻将深恶痛绝。因为一个人做事必须由自己承担所有的后果。再说，打麻将不一定完全有害无利，只是有时上台容易下台难，说好打四圈卫生麻将，要是一下子打个两天一夜不停息，就变得非常"不卫生"了。所以，"四圈"的意思是适可而止，这样才能宾主尽欢，既不影响健康，也不妨碍正常生活。除麻将之外，我们还可以通过打桥牌、打球、登山、游泳、填字、猜谜等正当社交活动来建立人际关系。

# 不自我设限，扩大交友范围

五方交友的意思是不要自我设限，尽量扩大交友的范围。

中国人深知"山不转水转"的道理，一方面力求不得罪人，以免"不是冤家不聚头"；另一方面则尽量广结善缘，以便随时随地可以找到熟人，方便办事。同时，结交各行各业的朋友，不但可以扩大视野、增长知识，而且能够随时请教，不致有问题时请教无门。

中国人普遍相信一条定律：在家靠父母，出外靠朋友。"靠"的意思，当然是依靠。于是，靠得住或靠不住便成为中国人十分重视的问题。

如果说中国人一生都在努力建立靠得住的关系，大概并不为过。没有三五位真正靠得住的朋友，怎么能够成大功、立大业呢？有得力的帮手，当然非常重要。

靠不靠得住，必须经过比较长时间的考验。而朋友众多，选择的范围也比较大。中国人主张"四海之内皆朋友"，便是希望广泛地结交朋友，然后从中觅取知己。就算不能成为知己，朋友也总比陌生人要好得多。

如果我们在一生中能够结识三五位知心朋友，大概会有十分满足的感觉。但是，要结交知心朋友并不是一厢情愿的事，必须随时随地抓住机会结识朋友，由浅入深，逐渐培养彼此的情谊。不过，也不可走得过近，应该始终保持安全距离，达到"君子之交淡如水"的交友境界（见图5-4）。

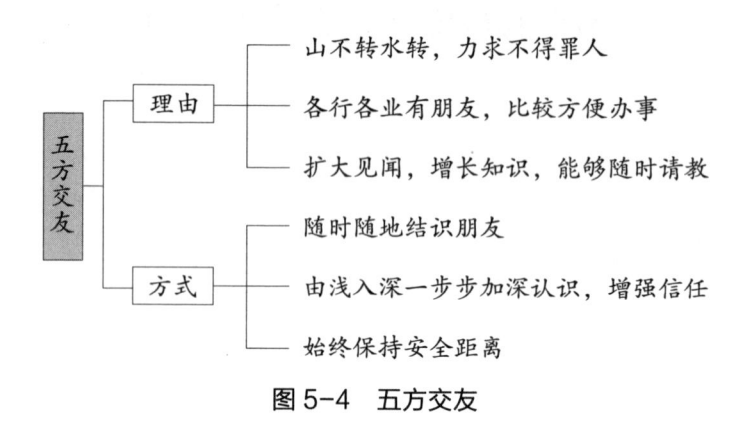

```
                    ┌─ 山不转水转，力求不得罪人
            ┌─ 理由 ─┼─ 各行各业有朋友，比较方便办事
            │       └─ 扩大见闻，增长知识，能够随时请教
五方交友 ───┤
            │       ┌─ 随时随地结识朋友
            └─ 方式 ─┼─ 由浅入深一步步加深认识，增强信任
                    └─ 始终保持安全距离
```

图5-4　五方交友

# 掌握人际交往技巧，学会努力忍耐

## 掌握人际交往技巧

做人不仅要诚恳，还要掌握一些人际交往技巧。唯有如此，才能够适当地润滑人与人之间的关系。一表人才和两套西装指的是提高个人修养，三杯酒量和四圈麻将可以视为善用社交媒介，五方交友指扩大人际交往的范围，至于六出祁山、七术打马和八口吹牛，则是指获得良好人际关系所需要的技巧（见图5-5）。

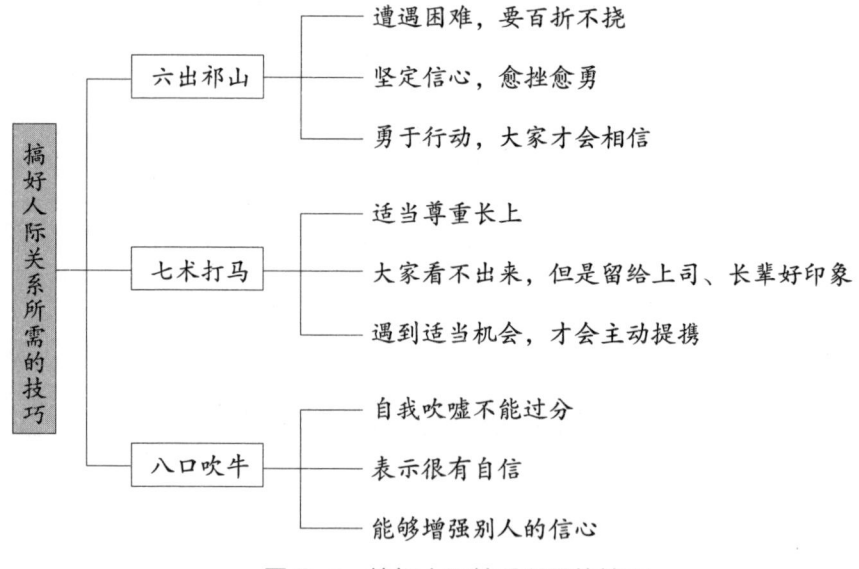

```
                            ┌── 遭遇困难，要百折不挠
                ┌── 六出祁山 ──┼── 坚定信心，愈挫愈勇
                │            └── 勇于行动，大家才会相信
搞好人际         │            ┌── 适当尊重长上
关系所需 ───────┼── 七术打马 ──┼── 大家看不出来，但是留给上司、长辈好印象
的技巧          │            └── 遇到适当机会，才会主动提携
                │            ┌── 自我吹嘘不能过分
                └── 八口吹牛 ──┼── 表示很有自信
                             └── 能够增强别人的信心
```

图5-5　搞好人际关系所需的技巧

成语"六出祁山"出自《三国演义》中蜀相诸葛亮派兵六出祁山攻打魏国的典故，体现了他在明知不可为的情况下，依然百折不挠的精神。我们在交友过程中难免会与他人产生误会，如果一下子就心灰意冷、退缩投降，如何能培养双方的深厚友谊？在人际交往中必须坚定信心，以愈挫愈勇的精神排除万难，永不向困难低头，而且要具体地表现在实际行动上面，从而让对方相信我们的诚意，以拉近彼此的关系。

七术打马是指人们应当适度逢迎，也就是说，有逢迎的味道，而没有逢迎的动作。中国人非常讨厌别人逢迎，遇到有人这么做，通常会非常警惕。所以，如果逢迎到大家都看出来，那就会前功尽弃，还会被上司训斥，可谓得不偿失。但是，中国人又十分喜欢被人逢迎的感觉，如果能逢迎到好像没有逢迎一样，让上司、长辈对你的举动留下深刻而良好的印象，那么，一旦遇到机会，他们就会主动提拔你。

八口吹牛是指适当地自我吹嘘。自我吹嘘只要不过分，反而是一种自信的表现。吹牛吹过了头，人人都觉得可笑，一点儿好处也没有；吹牛吹到恰到好处，别人才知道自己有这样的能耐，等于帮助别人了解自己。

不怕挫折、适度逢迎、合理吹嘘，都是人际关系中不可或缺的技巧。坚定信心，表现得愈挫愈勇，才会引起大家的共情；尊重长上，给上司、长辈留下良好印象，自然需要适度的逢迎；自我吹嘘固然令人厌恶，但是，只要做到适时、适地、适度，也可能令人耳目一新、肃然起敬。

## 努力和忍耐是人际关系的保证

掌握人际交往技巧在人际关系中只能起到锦上添花的作用，而努力和忍耐则是人际关系的保证（见图5-6）。

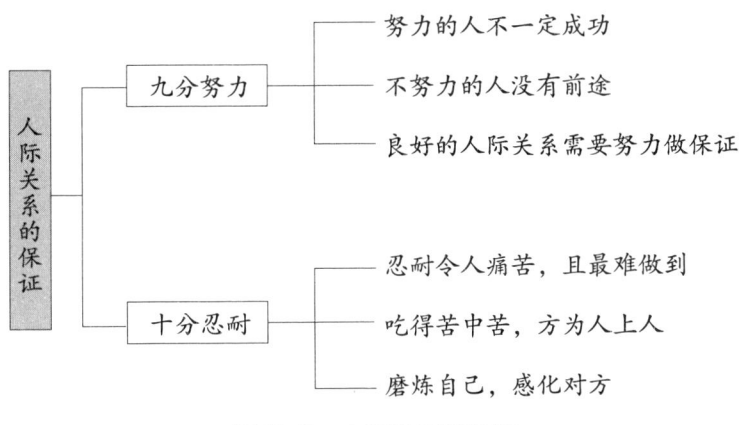

```
                    ┌── 努力的人不一定成功
          ┌─ 九分努力 ─┼── 不努力的人没有前途
人际       │          └── 良好的人际关系需要努力做保证
关系       │
的         │          ┌── 忍耐令人痛苦，且最难做到
保证 ──────┤          │
          └─ 十分忍耐 ─┼── 吃得苦中苦，方为人上人
                     └── 磨炼自己，感化对方
```

图5-6　人际关系的保证

努力的人固然不一定成功，但是，不努力的人必定不会成功。大家未必喜欢努力工作的人，却一定不欢迎不努力的人。

不努力，人际关系不可能良好，因为不努力的人势必和不努力的人混在一起。所以，不努力的人没有前途，也就不可能拥有良好的人际关系。

有了九分努力，还需要十分忍耐。中国字很有意思，"忍"字是心上一把刀，可见忍耐是件十分令人痛苦的事，也是最难做到的。但中国人信奉"吃得苦中苦，方为人上人"的信条，认为只有吃尽各种苦，将来才有苦尽甘来的一天。所以，中国人主张"忍到最后关头"，一方面在磨炼自己，使自己养成坚忍的习惯；另一方面在感化对方，使其对自己产生良好的印象，自动解除两人之间的隔阂，进而带来更多想象不到的好处。

所以，忍耐受苦，不可能白受，要坚定信心才好。

做人"十要"，是建立良好人际关系的成功要诀。"十要"缺一不可，而且都必须做到合理，以期确保成效。

06

# 在人际关系中持经达权

"经"是共识,也叫作不易的原则;
"权"是应变,是权宜的应对措施。

人际关系的"经",就是人际关系的共同原则;
人际关系的"权",就是人际关系的变通。
依据这些共识来权宜应变,才能够制宜而不乱变。

中国人最擅长"持经达权",就是有原则的应变。

# 人际关系的六大共同原则

人际关系的基本共识，我们称其为人际关系的"经"，归纳起来，有六大原则（见图6-1）。

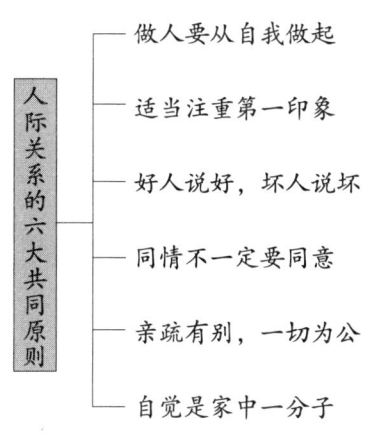

```
              ┌── 做人要从自我做起
              │
              ├── 适当注重第一印象
人际关系的     │
六大共同原则  ─┼── 好人说好，坏人说坏
              │
              ├── 同情不一定要同意
              │
              ├── 亲疏有别，一切为公
              │
              └── 自觉是家中一分子
```

图6-1 人际关系的六大共同原则

## 做人要从自我做起

建立良好的人际关系要从自己出发。自己想做什么样的人，就会建立什么样的人际关系。现代社会尊重个人的价值取向，把每一个人依自己的特长、志趣而从事的活动都视为正当。做正当的事，就是堂堂正正的人。

因此，自省（自己反省以促进自觉，亦即自我了解）、自修（自我充实，自己修正自己的缺失）、自新（自我调整，奋发向上）、自助（自我努力，亦即自我指导）、自得（由自助而有所改善，促进自我统整）、自强（刻苦自励，切实进德修业，真正贯彻自我实践）、自立（建立自己的人际关系，亦即自我成就）乃是一连串必经的过程。个人由自我了解而自我指导，由自我指导而自我统整，以期获得自我成就，这是儒家的修己辅导程序，与现代的做人理论不谋而合（见图6-2）。

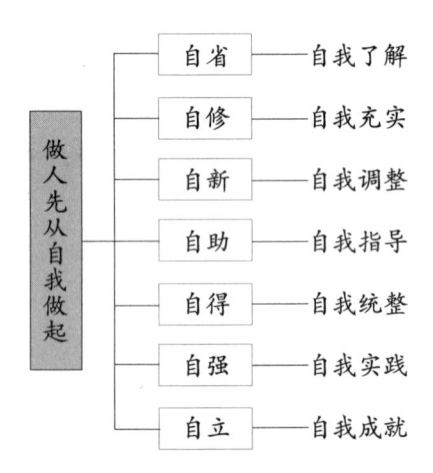

图 6-2　做人先从自我做起

从自省到自立，每一个阶段都有一个"自"字，这充分表明一切从自己做起才有成功的希望。偏偏现代人对别人要求很多却很少要求自己，大家所注意的大多都是别人如何如何，却很少反省、检讨自己有没有做得不够的地方。

人是自己做出来的，希望成为什么样的人，就应该一步步按照自己的希望，认真地从自己做起。这是儒家"反求诸己"的主张，也是对自己负起全部责任的具体表现。

自己对自己抱有什么样的期待，就会把自己造就成什么样子。心想事成，相随心转，自己应该为自己负起全部的责任，怨天尤人不但没有作用，反而浪费时间。

## 适当注重第一印象

人与人只要彼此来往过几次，就会对对方产生某种评价。这说明人大多习惯于利用过去的经验来判断他人，同时也习惯于和熟悉的人打交道。所以，第一、二次信用良好，就可能被对方视为有信用的人；开过一两次玩笑，以后所说的话常常会被当作笑话。

每一个人迟早都会被人贴上一张看不见的标签，标签上清清楚楚地写着自己的性格和人品。许多人更是一见面就喜欢论断对方究竟是什么样的人，所以，在人际关系中，第一印象非常重要（见图6-3）。

不以第一印象评价他人

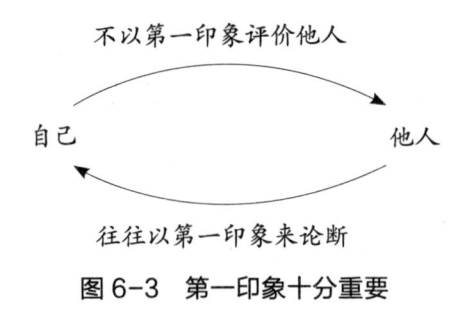

自己　　　　　他人

往往以第一印象来论断

图 6-3　第一印象十分重要

但是，第一印象也常常误导我们，使我们对对方产生不正确的认识，从而无法正确、清楚地认识对方。所以，我们最好告诫自己：不要凭第一印象就随便评价他人，但应该尽量注意自己给别人的第一印象。这样，才能两方面兼顾。

本书第五章已经提及做人有十大要领，其中，一表人才和两套西装可以说是增强自己给别人良好第一印象的重要手段。我们对一个人毫无认识又无任何辨识资料的时候，往往根据其长相、衣着，来建立自己对他的第一印象。反过来说，希望别人对自己有良好的第一印象，就必须端正仪容、注意穿着，以免引起对方的不良反应。

不过，我们自己最好对此保持高度的警惕，不要依对方的相貌和衣着来论断对方的人品，因为这两者之间并不存在必然的因果关系，必须谨慎才好。俗话说："佛要金装，人要衣装。"仪容是给别人看的，但我们自己要格外小心，不要被盛装的人迷惑，以免吃亏上当，惹人嘲笑。

## 好人说好，坏人说坏

大家都说好，未必是真好人；大家都说坏，也往往不是真坏人。

好人说他好，坏人骂他坏，这才是真好人；好人骂他坏，坏人却说他好，这人就是真的坏。

特别是在多元化社会，同样一件事，有一个人说好，就可能有五个人说坏。我们不能够单凭人家的论断来判定一件事情的好坏，而应该看看赞成的是哪些人，反对的又是哪些人，然后才谨慎地进一步判断。

有些人十分在乎别人的批评，听到有人说自己的坏话，不论说的人是谁，都非常介意。这种希望每一个人都说好的人，往往过分害怕得罪人而成了乡愿，并不是大家所喜欢的对象。

不想当乡愿，就要明辨是非。由于好人和坏人的立场常常不一致，因而有人说好时，就有人说坏。真正的好人，并不担心坏人说他坏，他所在乎的应该是好人一定要说他好，不在乎坏人说他坏。只有这样，才有足够的胆识使自己成为一个真正的好人。

人际关系的"经"，是不刻意讨好任何人。刻意讨好已经是不诚实。何况中国人警觉性很高，很快就会发觉你是在刻意讨好他，因而会对你特别加以提防，反而不容易建立正常的关系。事实上，讨好所有的人等于讨好不了任何人。所以，我们的人际关系应以合理为基准，表现合理，让好人说好，不必害怕让坏人说坏。坏人骂我们，证明我们才是真正的好。

凭良心，不讨好，也不刻意为了凸显自己的好而得罪坏人，这才是上策。

## 同情不一定要同意

人际关系有赖于适当的感情输入，即从对方的立场去考虑他的想法，以了解他的感受、要求和苦恼，并给予他适当的同情。

但感情输入并不一定要与他产生共鸣。共鸣指了解他的感受，而且同意和接受他的感受。感情输入可以同情，但不一定同意。

我们要影响对方，必须先了解他的背景和立场，尽可能发现彼此相似的地方，最好能找出他的优点，逐渐喜欢他、关心他，让他了解我们并不是刻意要改变他，然后晓以道理，使他觉得如果换一个角度看，我们也有另外一番道理。这么做通常比较容易收到效果。

从这方面的实际情况看，我们发现中国人的同理心与西方人相比，其内涵更加复杂。直截了当同中国人讲理，实在非常困难。所以，我们通过比较曲折的过程，也就是由情入理，以同情心来引发对方的同理心，通常更加简便而有效。

感情输入，其实是给他面子。我们很容易察觉，中国人有面子的时候比较讲理，没有面子的时候不是恼羞成怒，就是蛮不讲理。由情入理，给足对方面子，促使他自动讲理，成为同情他（给他面子）却不一定同意他所说的道理。一旦感情输入得妥当，对方常常会自动改变他原先的主张，只要调整到合理的地步，彼此沟通起来就很方便（见图6-4）。

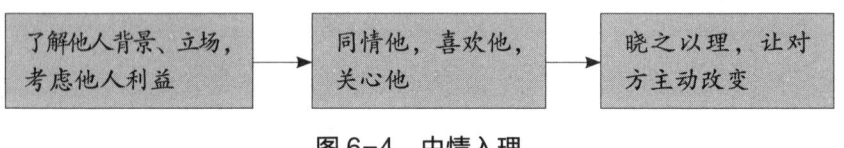

了解他人背景、立场，考虑他人利益 → 同情他，喜欢他，关心他 → 晓之以理，让对方主动改变

图6-4　由情入理

## 亲疏有别，一切为公

有人说："中国人的人际关系是大圈圈中有小圈圈。"这句话并没有错。我们虽然爱所有的人，不过有亲疏、轻重之分。

事实上，我们的人际关系以自己为中心，逐渐由内向外推，最内圈的人是最值得信赖的。通常由内而外的顺序是家人、亲戚、朋友，然后才是其他人（见图6-5）。一般的点头之交，属于认识而不熟悉的外圈，仅止于礼貌性地招呼，谈不上什么信任不信任的问题。逐渐互有交往，彼此增进了了解，成为熟悉的朋友，比较方便谈一些事情，然而交浅不言深，不可能深入到不足为外人道的题材。熟悉的朋友当中，有一些信得过的慢慢变成好友，再进一步成为密友，这才放心与他商量一些私人的问题。密友经过再三的考验，确实可以交心的，这才进入最内圈。

图6-5 亲疏有别

"大圈圈"中有"小圈圈"，这种情况很难说好不好。如果一切为公，站在公的立场来拉开亲疏的距离，谁说不好？若是有私心，站在营私舞弊的立场来建立"小圈圈",那当然很不好,没有人会喜欢。

所以,只要公私分清楚,凡事秉公处理,人际关系的负面影响就会降到最小。我们之所以害怕"小圈圈",都是因为朋比为奸所造成的弊害令人不寒而栗!

亲疏有别,本身并没有什么不好,只是有私心的人,常常把它用得十分恶劣,造成很多罪恶。所以,我们在推己及人的时候,务必立公心,一切为公,自然有利无弊!

## 自觉是家中一分子

中国人具有深厚的家庭观念,家庭中各成员互依互助。

家庭伦理观念是中华文化最为优美的一部分,我们要好好珍惜,并发扬光大。一个人必须由尊重个人、尊重家庭、尊重国家循序渐进,才能够真正尊重全人类,为世界大同而努力(见图6-6)。

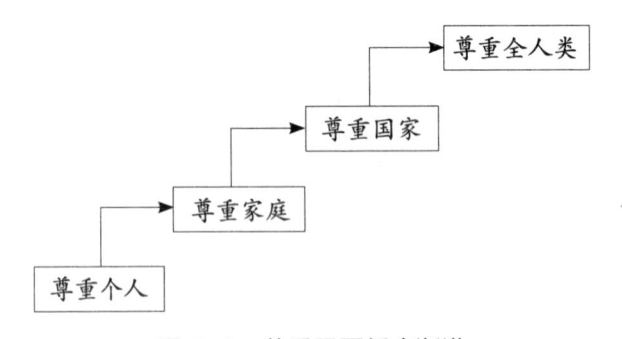

图6-6 尊重需要循序渐进

每一个人都要认识到自己是家庭中的一分子,与家人息息相关,根本不可能分割。一家人荣辱是共同的,利害也是共同的。任何人的成败实际上都和他的家庭教育有密切的关系，因为我们自幼受家人潜移默化的影响，这种影响往往会持续一辈子。

家人的亲密互信使家庭成为最可靠的安全场所。劳累了一天，回到家里，可以放心地休息，安心地和家人共度夜晚。如果家庭不能让人安心、放心，我们就会失去努力奋斗的目标，我们努力奋斗的成果就会毫无价值。细细想来，这实在令人彷徨，也令人心碎！

只有及早认定自己是家庭的一分子，好好爱护自己的家庭，家才是甜蜜的、安全的，才会令人安心、放心！

# 人际关系常见的六种权宜措施

"权"就是变通。人际关系的变通可以说是变化无穷、不胜枚举的。其中最为常见的权宜措施有六种（见图6-7）。

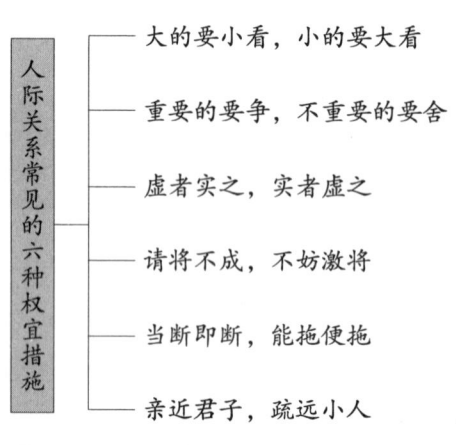

```
                  ┌── 大的要小看，小的要大看
                  │
                  ├── 重要的要争，不重要的要舍
人际关系常见的    │
六种权宜措施      ├── 虚者实之，实者虚之
                  │
                  ├── 请将不成，不妨激将
                  │
                  ├── 当断即断，能拖便拖
                  │
                  └── 亲近君子，疏远小人
```

图6-7　人际关系常见的六种权宜措施

## 大的要小看，小的要大看

有的人看见职位高的"大人物"，难免心中害怕，似乎自己矮了一大截，说起话来也吞吞吐吐，不敢畅所欲言。相反，看见职位低的"小人物"，又觉得自己相当伟大，因而看不起他，有时还任意责骂他，甚至羞辱他。这种人天生势利眼，人际关系不可能好。

为什么我们在购买车票、预订飞机座位、缴停车费、指挥部属时，经常火气很大、性子很急、十分不耐烦？主要原因在于我们从心里就轻视售票员、值机员、收费员以及自己的部属，认为"对你不客气，你又能怎么样"，结果引起争执，发生不愉快的事，这才明白原来是自己看不起人家，才吃这么大的亏。

反过来看，一旦遇见职位高的"大人物"，我们大多特别客气，好像受他的气、挨他的骂、被他指使才是自己天大的福气。有这种想法的人简直是看不起自己，更具有屈辱自己的倾向。

所以，我们在与他人交往时，最好采取"见'大官'小视之，见'小官'大视之"的权变措施，力求自己对他人表现出合理的态度。看见职位高的人，先自我心理建设：你有一双眼睛、两只耳朵，我也一样有。做到不卑不亢，有话照说。遇见职位低微的人，要尊重他的职务，心想：幸好他来做，不然谁来替我服务？自然就不会轻视他、责骂他、羞辱他，以致引起争吵。

## 重要的要争，不重要的要舍

争是必要的，舍也是必要的。只看到争，什么都要争，就会迷失目标，不知道自己争的是什么，为什么要争；只想到舍，这个不要，那个也不要，同样会迷失做人的方向，不明白自己要的是什么，不要的又是什么。

什么都要争的人，会给别人恶劣的印象。大家面对他时会提高警觉，甚至于联合起来，一点儿机会都不给他。所以，太会争、太喜欢争的人，经常什么都争不到。

什么都不要，样样都要舍的人，则会给别人留下消极、不愿意负责任的坏印象，甚至会被视为是逃避、请也请不动的人。久而久之，大家也不愿意征求他的意见。

所以，重要的不可不争，叫作当仁不让；不重要的不但不必争，是根本不能争，因为"退一步海阔天空"，大家彼此礼让，都有面子。那么，重要不重要怎样区分呢？由于每个人的人生观、价值观不尽相同，重要不重要的标准不一致，所以，各人需自行斟酌，订立自己的原则，然后再来权宜应变（见图6-8）。

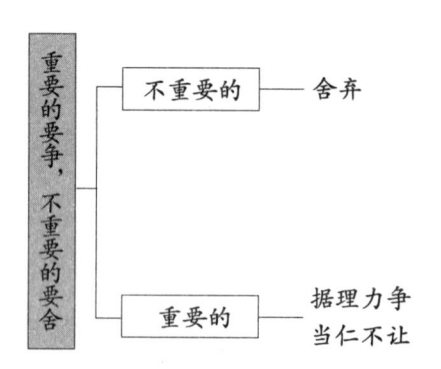

图6-8 重要的要争，不重要的要舍

把争和不争合在一起考虑，应该是比较好的解决方法。中国人擅长"用让来争"便是兼顾舍与争的权宜措施。用让来争，即是以舍代争，站在不争的立场来争。一边舍一边想：该争不该争？该争才争，不该争即舍。以不争来争，争到好像没有争一样，才不会乱争，才可能争得恰到好处。

### 虚者实之，实者虚之

知己知彼才能立于不败之地，这是千古不变的道理。但是，要做到不败，除了自己知己之外，还要让好人知己，不让坏人知己。但是，好人坏人一时很难分得清楚。所以，为了保险起见，人们不得不制造若干假象来掩盖自己的实际情况（见图6-9）。

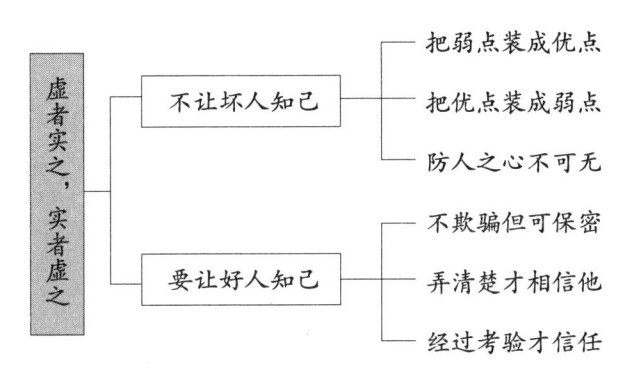

```
                          ┌─ 把弱点装成优点
              ┌─ 不让坏人知己 ─┼─ 把优点装成弱点
虚者实之，     │              └─ 防人之心不可无
实者虚之 ─────┤              ┌─ 不欺骗但可保密
              └─ 要让好人知己 ─┼─ 弄清楚才相信他
                             └─ 经过考验才信任
```

图6-9　虚者实之，实者虚之

戴上面具会拉开人与人之间的距离，完全没有面具等于赤裸裸地站在众人面前，反而容易引起别有用心之人的欺诈或利用。所以，我们必须善于伪装，有时把弱点装成优点，有时却把优点装成弱点，因为"防人之心不可无"，在没有弄清楚对方意图之前，必须谨慎地保全自己。否则一味诚恳待人，反而可能为人所害，从而使自己对诚恳

失去信心，变成一个奸诈阴险的人，岂非害了自己？

中国人做人做事的最高指导原则，说起来十分简易，就是我们常用的遮遮掩掩。比如，明明天天都在练习打乒乓球，当人家邀我们上场一露身手时，却可以很自然地对人家说"好久没有打了"。

喜欢的东西，假装不喜欢；想要的东西，先让给别人；要来说不来，说不来却来了。可见，中国人在虚虚实实之间有很多变化。有些人看不懂，就说中国人骗来骗去。实际上，中国人多数重视诚信，遮遮掩掩只是暂时瞒一时，为的是一方面明哲保身，另一方面静观其变。其出发点是保护自己，而不是欺骗别人。

## 请将不成，不妨激将

在人与人相处过程中，用诚恳的态度来感动对方固然是不易的原则，但实际应用起来往往并不是总能奏效。比如，对于自负的人，我们愈是诚意请求，他就愈加得意，不是托故拒绝，便是推三阻四，此时如果运用反激的方法，反而更为有效。反激的要领，在一切为他着想。例如，表现出担心他受害、恐怕他不能胜任、唯恐他受人摆布的样子，以此激起他的自尊心，让他觉得非要表现一下不可，自然就把他激出来了。

对于老于世故的人，反激若是没有把握，可以先把他捧得高高的，再暗示他此事非同小可，而且非他莫属，让他出于感激而自告奋勇。这种正面激将的方法使他很难推诿。对于有能力而退缩一旁的人，正面激发他，效果也不错。

自古以来，就有很多激将的成功案例。《三国演义》中记载了这样一件事：刘备和曹操争夺汉中。由于刘备部将夺取了曹军军事重地天荡山，直接威胁汉中守将夏侯渊驻守的定军山，所以曹操亲率四十万大军前往汉中增援。刘备集合众将，问谁愿意在曹军援军到达前夺取定军山。老将黄忠立即出列表示愿往，但是诸葛亮急忙阻止他，并表示：老将军虽勇，但定军山守将夏侯渊乃魏之名将。您虽然战胜了张郃，但不一定能胜夏侯渊。我打算请人替关将军（关羽）镇守荆州，请他来战夏侯渊。黄忠经不起这样一激，以为诸葛亮看不起老将，执意要去。诸葛亮故意几次三番不答应，黄忠一定要请令出战。最后，诸葛亮才做出一副无可奈何的样子，派法正为监军，与黄忠同往。结果，黄忠斩杀夏侯渊，夺取了定军山。

无论是反激还是正激，激将之后，务必以礼相待，否则前功尽弃。可见，人与人相处一定要恩威并济、刚柔并用，使得二者相辅相成（见表6-1）。

表6-1 请将不如激将

| 对象 | 自负的人 | 老于世故和有能力但不自信的人 |
| --- | --- | --- |
| 方法 | 用反激法，故意表示困难，暗示他无法胜任 | 用正激法，赞扬他的长处，暗示非他莫属，引起对方知遇之感，使对方自告奋勇 |
| 注意事项 | 激将后要以礼相待 ||

## 当断即断，能拖便拖

我们一生遇到的问题多种多样，如果按解决时间长短，大致可分为三种：一是可以马上解决的，二是等待一段时间即能解决的，三是在看得见的时段内几乎不可能解决的（见图6-10）。

马上可以解决的问题 ——————→ 当机立断 速战速决

等待一段时间即能解决的问题 ——————→ 列出时间表，拖到问题能够解决

在看得见的时段内几乎不可能解决的问题 ——————→ 告知困难 寻求他策

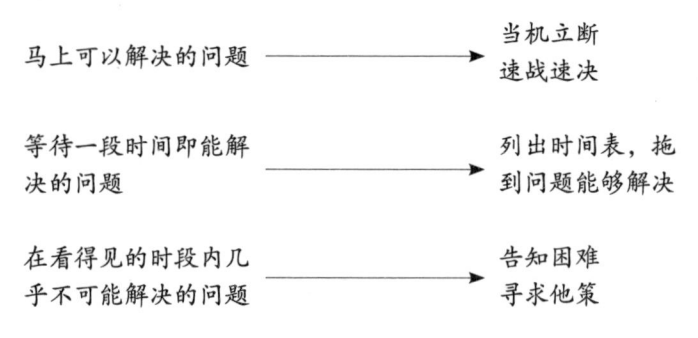

图6-10 三种不同的解决问题的方法

对于可以马上解决的问题，主事者要当断则断，速战速决。因为一旦拖延，大家就会抱怨，甚至强施压力。此时再来解决，大家对主事者的信心就会大幅度减低，认为主事者缺乏诚意。

等待一段时间即能解决的问题，如果硬要立即解决，反而会产生很多不必要的困扰，岂非得不偿失？所以拖一拖、等一等，等到时机成熟，一切自然顺利解决。不过，对待这类问题一定要事先拿出解决时间表来说明"拖"的好处，大家才能接受。

在看得见的时段内几乎不可能解决的问题，千万不可以碍于情面口头答应却毫无行动，必须坦诚说明困难，让大家趁早死掉这条心，以便另外想办法从其他途径着手，这样大家才会心服。

不要把当机立断和能拖便拖分开来看，二选一的结果不是过于仓促，便是坐失良机。把当机立断和能拖便拖合起来想，有时间最好能拖便拖，以容纳更多的变量，至少多考虑一些事项，更为安全。时间已经很紧迫，非做决定不可，当然要当机立断，立刻做出合理的回应。

同样的道理,要把解决和不解决合在一起想。能解决的为什么不解决?不急于解决的,为什么急着要解决?目前无法解决的,又有什么办法马上解决?想来想去,还是可解决的赶快解决,不能的只好拖一拖,再多想想办法。

## 亲近君子,疏远小人

君子指才德出众的人,小人指缺乏德智修养的人。

亲近才德出众的人有利于自己的成长,而且他们出坏主意或做不良举动的概率比较低,对自己有更大的安全保障;与缺乏德智修养的人为伍,坏点子就会不断出现,起初我们也许因为警惕,可以处处躲过,但是久而久之,恐怕就会把持不住。所以,除非自己确实有能力、有把握可以改造小人,否则远离他们是为上策(见图6-11)。

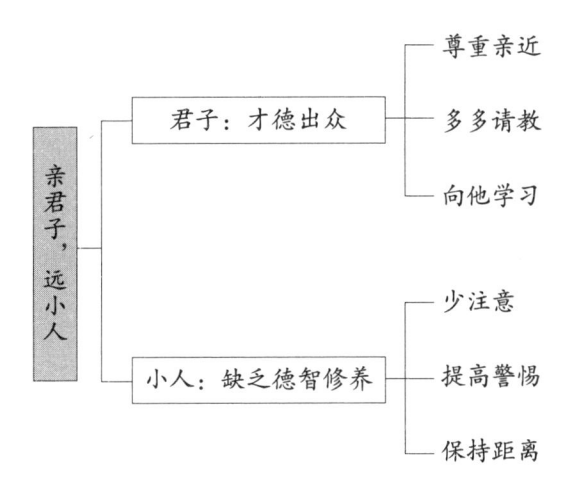

图6-11 亲君子,远小人

原来不认识我们的人，想和我们交朋友，一定会打听一下我们所交的朋友究竟怎么样。因为亲近君子可以结交更多的君子，接近小人势必引来更多的小人。

世间的难事甚多，其中之一便是君子和小人从外表上和行为上几乎分辨不出来。如何分辨君子或小人？首先，听听他的观点；其次，看看他的朋友；再次，了解一下他业余做些什么、读哪一类的书。君子和小人的差异，可以说在看不见的动机上面。动机纯正，一切公正无私的人，自然成为正大光明的君子；动机不正的人，自然成为众人厌恶的小人。

职位愈高的人，愈是小人喜欢接近的对象。偏偏职位愈高，愈容易为小人所蒙蔽。因为小人往往将注意力集中在职位高的"大人物"身上，却不在乎其他人的感受。亲君子、远小人，对职位高的"大人物"而言，实在相当困难。

君子、小人往往需要交往一段时间之后，才能明辨出来，所以"人是旧的好"，因为"旧人"都是经过时间考验的，应该比较了解。

## 经权配合，持经达权

人际关系的"经"，是我们必须坚持的共识；人际关系的"权"，则是随时随地可以权宜应变的措施。

"经"和"权"配合，称为有原则的应变。若是彼此不能配合，那就会变得离谱，进而离经叛道（见图6-12）。

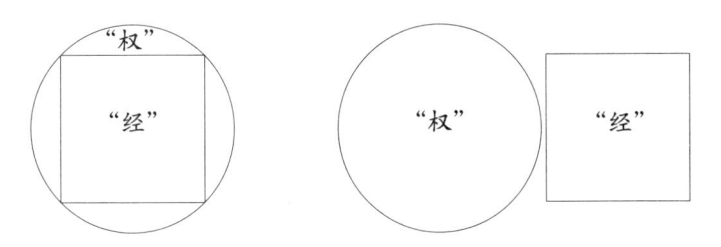

图6-12 "经"与"权"应相互配合

要让"经"和"权"配合，我们需要先从自己和自己的关系说起。我们往往认为，人际关系是自己与别人的关系，其实人际关系的基础是自己和自己的关系。因为人最先也最多接触的是自己。如果自己和自己相处不好，就很难与他人相处得好。所以，必须先自己认识自己，才能与他人互动。只有接受自己的人，才能使自己的身心得到充分的发展，从而获得和谐的人际关系。

憎恶自己的人，必然也憎恶别人。不能接纳自己的人，情绪常常很不稳定，不是有意显示优越感，就是表现得相当自卑。这种内心的挣扎使得不能接受自己的人不但不能接纳自己的种种表现，而且也会憎恶他人。

所以，如果发现自己的人际关系不好，不妨反省一下自己和自己的关系。只有先调整自我关系，再改善与他人的人际关系，才是有效途径。

人具有相当程度的自主性，这也是人类和其他动物最主要的差异。既然能够自主，一切由自己决定，当然要由自己承担所有的责任。换句话说，一切言行都要先通过自己这一关：自己认可的，才说得出来；自己认同的，才做得出来。但是，人不可以盲目地爱自己，毫不了解就完全接纳自己，否则就会成为可怕的自恋狂。自恋狂最大的特征就在于完全以自我为中心。这种人不仅不能欣赏别人的优点，也从来不怀疑自己很可能具有某些缺点。

所以，我们最好冷静下来，客观地自我反省，明白自己究竟有哪些优点，又有哪些缺点。对于自己的缺点，固然不可忽视，却也不必过于紧张。因为人无完人，有缺点是十分自然的现象。人也不必一下把自己变成完人，一步一步地提升自己，这样就好。

对于自己的缺点，只要实实在在努力去改善，就不必过分憎恶，否则造成自我否定，反而容易适得其反。人应该接受自己的某些缺点，尽量不要让它们向恶性方向发展，然后再努力去克服它们，进而将其转变为自己的优点，才是最好的办法。

把缺点变成优点，听起来有些奇怪。其实，任何言行都必须配合时空的变迁，离开时空，就无所谓优劣。只要调整到合理的地步，缺点也便是优点。

家庭方面，我们除了讲求父子有亲、事亲要顺之外，还要讲究长幼有序，这样一家人才能和谐互助。弟妹要敬爱兄姐，兄姐要关心照顾弟妹，只有一家人同心同德，家庭才能祥和。

家人向外扩大便是亲戚。亲戚之间如果不能信任、不肯合作，如何能令外人心服？所以，亲戚之间应多交往，大家合理自制，以礼相待，那就不难互助互惠了。

有了这些基本认识，再来因人、因事、因时、因地制宜，便是"经"与"权"的配合，被称为持经达权，或者叫作持经达变，就是有原则地"以不变应万变"。

# 07 人际关系的艺术

正直的人同样需要掌握人际交往技巧。

外圆还要内方，才能产生真正圆通的人际关系。

人际关系技巧要发挥作用，必须以诚恳为基础。

在人际关系中，我们需要持有以下的基本态度：

1. 对人有礼貌。
2. 保持适当距离。
3. 不可锋芒毕露。
4. 谨防引起别人的疑忌。
5. 逢人只说三分话。
6. 见机赞美别人。

# 人际关系要以诚恳为基础

人际关系需要技巧，但必须以诚恳为基础，否则技巧便成为权术，会破坏人际关系。如何在人际关系中做到为人诚恳呢？有四种安全有效的做法。

**用自信赢得别人的信赖**

自己对自己抱持信赖感，才能使别人对自己产生相当的信赖感。任何人依凭自信而成功，其比例远大于依赖聪明才智而成功。可见，自信对人际关系而言十分重要。

东西方人的自信来源有很大不同。西方人的自信直接来源于自己对自己的信心；中国人比较谦虚，大多不敢直接对自己产生信心，因为在中国人看来，自信很容易一不小心就变成自大，而自大的人容易遭"天谴"[1]。所以，中国人的自信通常指对道（规律）的信心，相信道（规律）会帮助自己，就是心目中有道（规律）的自信。

尽管我们要对道（规律）有信心，但还是要在日常生活工作中努力表现出信任自己的一面，比如：

1. 走路时提起肩膀，抬头挺胸，而且快步踏出，比一般人走的速度快25%左右。

2. 经常保持微笑。因为微笑可以带来信心，驱散我们的恐惧和烦恼；微笑也可以拉近人与人之间的距离。

3. 大方地注视对方。无论见面或者谈话，都能够自然地将视觉的焦点放在对方的眼睛上。

4. 说话时使用丹田之气，以有力而清晰的语调来说话。

5. 能够以自己的热心激发对方的热心，表现出自信信人的风貌。

## 将心比心，为他人考虑

要体现自己的诚恳，在人际关系中必须合理考虑他人的立场，至少要做到以下六点：

1. 设法放松对方紧张不安的情绪，使其放心地对我们畅所欲言。只要把心中的话说出来，彼此就比较容易沟通了。

2. 表现出幽默乐观的态度，使对方觉得我们相当诚恳而主动，认为和我们交往有意义而且有价值。

3. 及时称赞和祝福对方，使对方明白我们能够欣赏别人的优点和

---

[1] 指因不遵守道（规律）而受惩罚。

成功，亦即能够主动地爱别人。

4. 如果对方遭遇不幸或失败，我们要及时给予支持，衷心鼓励他，当他的精神支柱。

5. 凡事将心比心，使对方明白我们的诚意，对方也将会以同等的诚意来响应我们。

6. 万一有误会，要诚恳地解释。如果自己有错误，应该马上改正，不可以以自我为中心，陷入盲目的利己主义。

以自我为中心是破坏人际关系最有力的武器。任何人只要凡事只想到自己而不考虑他人，必然被视为自私自利而得不到他人的支持和欢迎。

站在他人的立场，别人才可能依据"互相""彼此"的交互精神，同样站在我们的立场来合理地回应。大家都将心比心，彼此有共识，当然容易沟通而建立良好的人际关系。

## 轻松幽默地批评他人

闻过则喜是一种美德，可惜做得到的人委实太少。所以，非不得已最好不要批评别人，尤其不可以在背后议论别人，以免引起他人反感。实在有批评的必要，可以采用以下方法：

1. 在愉快的气氛中，在不惹对方厌恶的情况下，若无其事地说出对方的错误。因为突然大声责骂，对方会在心理上产生强烈的抗拒。

2. 先赞美，后指责，最后安慰他。这种方法被称为"三明治"法，对方会比较容易接受。

3. 私底下劝告，不要公开批评，但是劝告要当面。对方或许一时难以接受这种做法，但过后冷静下来，会对你心生感激。

4. 根据彼此间关系远近和交情深厚程度，再来决定批评的语气。

5. 借用别人的话来批评对方，譬如"有人说你相当不近人情，但我的感觉完全不是这样"或者"我看你整天忙于工作，偏偏有人还在批评你的工作负荷太轻"，等等。假借别人的口气，对方一般不会恼羞成怒。如果对方问起是什么人说的，最好说记不得了，他就知道是我们顾全他的面子才这么说的。

借用第三者的话并不是欺骗的行为，而是为了让听者的面子不受损伤，使他比较容易接受。

## 欲正人，先正己

人性原本有善有恶，也可善可恶。一般人偏向性善，其实是对人的一种良性期待，我们把它称为善意的期待。特别是中国人，你对他好，他没有理由不对你好。同样的道理，我们自己先抱有善意，再期待对方善意的响应，多半能够心想事成。反过来说，一开始我们就认定对方缺乏诚意，对方十分敏感，一下子就看出来，当然不会诚意地响应我们，这是十分自然的事情。

只要我们愿意相信别人，别人就会以诚实的态度来对待我们。因为人与人相处原本就像照镜子，照镜子的人笑容可掬，镜中人自然也笑得十分可爱。

要想获得别人的善意，必须遵循以下四个原则：

1. 我们热心，也会感染别人产生同样的热心；对别人冷淡，别人照样会对我们冷淡。

2.我们对别人采取充满敌意的行动，别人也会回以相同的行动；我们对别人大声吼叫，别人也会提高嗓门，大声说话。所以，希望对方冷静下来，首先要降低自己的火气。

3.说话的声音和脸部的表情都可以传递我们的期待信息，对方接受后，也会做出适当的反应来自动改变。

4.相信别人，表现出自己的信心。别人看到我们的表情，了解我们的想法，自然会更加尽力表现，实现我们的期待。

# 人际关系中应有的基本态度

人际关系中应有的基本态度，笔者归纳为下述六点。

## 对人有礼貌

礼貌有如穿在身上的衣服，它虽然不能使我们健康，也不能使我们长寿，却是生活中不可缺少的。

对人有礼貌，不见得马上有实际的收益。有些人就是因为这样而不重视礼貌，认为没有礼貌，人家也不能对自己怎样，何必约束自己，处处讲求礼貌。

其实，礼貌的作用一在和谐，使大家相处愉快；二为守序，大家在一起，有礼貌才能秩序井然；三为守分，表现合乎自己的身份；四为恭让，发扬以让代争的精神。

有些人认为礼貌就是形式化的东西，这种人往往嘴巴很甜，心里头却完全不是那么回事。中国人在这方面的感觉十分灵敏，如果只有表面上的礼貌，心里却丝毫不关心，很快就会被看出来。

有些人采用制式化的礼貌，也就是千篇一律，对谁都是一样。这种亲疏不分的礼貌，会给人不近人情之感。既然人与人的关系不同，所表现的礼貌也应该不同。

礼貌不可以过分，因为礼多必诈，很容易引起他人的警惕，以为你有什么企图。

礼貌的本质在于"敬"，也就是看得起对方。人如果刻意看不起，光是讲求表面的礼貌是没有用的，自尊尊人才是真正的礼貌。中国人不喜欢形式化或制式化的礼貌，我们通常表现得相当具有机动性。有时候这样，有时候又那样，随时因人、因事、因地而制宜，只要合理，人人都喜欢（见图7-1）。

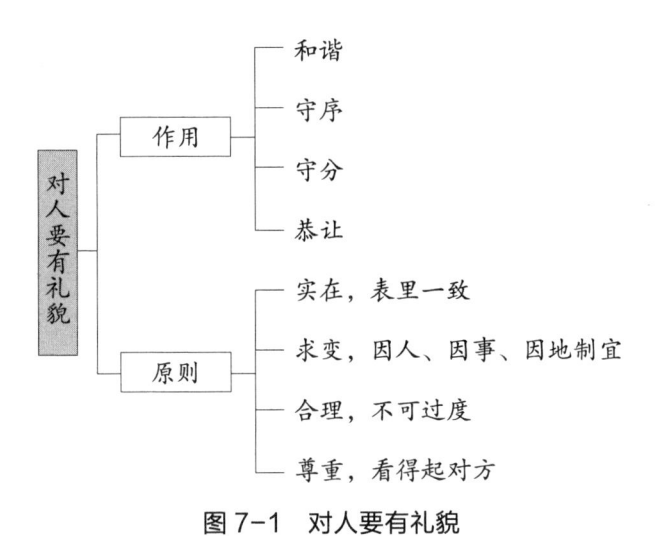

```
                    ┌─ 和谐
              ┌ 作用 ┼─ 守序
              │     ├─ 守分
              │     └─ 恭让
对人要有礼貌 ─┤
              │     ┌─ 实在，表里一致
              │     ├─ 求变，因人、因事、因地制宜
              └ 原则 ┤
                    ├─ 合理，不可过度
                    └─ 尊重，看得起对方
```

图 7-1　对人要有礼貌

## 保持适当距离

保持适当距离，并不是要大家都戴着假面具彼此尔虞我诈，而是以诚恳的态度让对方拥有合理的自由，在和谐中保持各自的独立。过分不分彼此，就会不知不觉中伤害别人，尤其是自己与其他人很难全都十分熟悉，更容易触及他人的隐私，碰到他人的伤痕。所以，唯有保持适当的距离，有些话不方便说就不说，有些事不方便做就不做，才能保证安全。我们主张"有事不怕事，无事不惹事"，因此，人与人之间，特别是自己与其他人之间，必须保持适当距离。

君子对待他人要和，却不能够结党营私、朋比为奸。因为各人有各人的私生活，我们应该互相尊重，不要过分干扰别人，彼此保持适当距离，才是君子之交。

中国人讲求大同小异，主张"君子和而不同"，便是容许大家在团体中拥有个人，是一种兼顾集体主义与个人主义的做法。有些人把中国人归入个人主义者，认为我们以个人为主；有些人把中国人归为集体主义者，认为我们以集体为主。说中国人是个人主义者，既对也不对；说中国人是集体主义者，同样对也不对。这是什么道理呢？因为我们把个人主义和集体主义合在一起想，有时候这样，有时候则那样，连中国人自己都常常摸不清楚。

兼顾个人主义和集体主义，只要不以个人的利害作为唯一的取舍标准，以心怀坦荡、言行正派为标准，合理就好。

## 不可锋芒毕露

《论语·学而》开头有三句非常著名的话:"学而时习之,不亦说乎?有朋自远方来,不亦乐乎?人不知而不愠,不亦君子乎?"这"孔门三乐"之中,就现代人而言,"人不知而不愠"反而是最重要的。因为现代人不要说做到"人不知而不愠",简直已经到了人不知而大怒的地步,而且情况愈来愈普遍。有机会表现,绝对不放过;没有机会,也要制造机会猛"秀"一番……

老子针对中国人好锋芒毕露的缺点,倡导深藏不露,却遭受了世人的许多批评。其实,老子的话是没有错的。锋芒毕露的人必然成为众人打击的目标。树敌太多的结果,多半是自己倒霉。

所以,有能力的人不必在言语或行动上显露锋芒,而应该先冷静了解环境,再适应环境,得到大家的认同,然后再来改造环境,这时表现得人人乐于接纳,才是"君子藏器于身,待时而动"的真本领(见图7-2)。

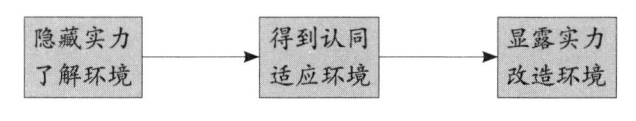

隐藏实力　→　得到认同　→　显露实力
了解环境　　　适应环境　　　改造环境

图7-2　君子不可锋芒毕露,应待时而动

## 慎防引起别人的疑忌

引起别人的注意是一种彰显自己的方法,但如果引起的是别人的猜疑和嫉妒,那就有害而无益了。所以,为慎防引起别人的疑忌,就

要做到不露则已,一露就要特别谨慎。为此要注意下述四点:

1. 自己打破平衡局面,势必引起大家心理上的不平衡,这时就要更加谦虚有礼,切勿沾沾自喜。

2. 得意时要想到失意时可能遭遇的困境,事前防患总比事后补救要好得多。

3. 有功劳得到上级赞扬或奖赏,别人心里多少会不高兴,这时要想办法分享功劳或表示功劳是众人成全的结果,并衷心感谢大家的帮忙。

4. 要有"同台演出"的意识,切记不可"唱独角戏",不要急于自我表现,不要一味逞能,不要低估或欺骗对方,不要自以为是,唯有你赞美我,我赞美你,彼此产生一体感,才能减少别人的疑忌。

中国人不太喜欢自我推销,因为人就是人,并不是物,为什么要推销自己?难道想把自己卖给别人不成?彰显自己的目的在引起大家的注意,使大家对我们产生良好、深刻的印象,而不是引起别人的疑忌。

别人不注意我们,就无从建立关系;别人注意我们,如果产生的是不良印象,不如不让他们注意,反而更好。可见,我们不但需要引起别人的注意,更需要给别人留下良好的印象。以上四点看起来十分容易,做起来却并不简单,所以我们必须慎思慎行,才能有效。

## 逢人只说三分话

中国人喜欢逢人只说三分话,而且这三分还是不太重要的部分。这样做并不是中国人狡猾,而是谨慎考虑的结果。特别是在多元化社会，很多东西都没有定论，各人有各人的看法，在西方可能是愈辩愈明的真理，我们则往往是"公说公有理，婆说婆有理"，不说还好，愈说愈糊涂。之所以这样，是因为我们的文化比较丰富，同时脑筋也比较复杂。同样一句话，让三个人听会产生三种不同的效果；同样一件事，由五个人来分析，也会产生许多不同的结果。

说话留余地才不会失言害了自己。不必说的不说，不该说的不说；人不对不说，地点不对也不说；时未到，暂时不说，时已过，不说也罢。"逢人只说三分话"是为了测试对方的反应，用这三分话来观察人、时、地是不是合适。如果合适，就"事无不可对人言"；如果不合适，就必须奉行"沉默是金"！

说话要自留余地，慎防逼"死"自己，这是任何人在与他人沟通的时候都应该遵守的法则。

把"逢人只说三分话"和"事无不可对人言"这两句话合在一起想，当作与人沟通的上下限，在许可的范围内寻找合理点，自然不会逼"死"自己。

## 见机赞美别人

前面说到人不可锋芒毕露，但如果长久不为人知，有本事和没有本事岂不毫无差别？中国人的本领便是在"人不知而不愠"之中，有一套深藏不露的方法，即站在不露的立场来露，站在不求人知的立场来为人所知。

其中，最常用的方法就是互相赞美。有机会赞美别人，别人知道了，也反过来赞美我们。如此一来，大家都有人赞美，于是在不求人知的氛围中，大家都为人所知。

赞美别人说起来容易，做起来却相当困难。首先，要有恢宏的气度，不可以见不得别人好。其次，要有辨别力，才不致出现瞎吹乱捧的场面。最后，要诚心诚意去欣赏别人的优点，而不是心存"我捧你，你一定要捧我，否则我会找机会把你'打'下来"的念头。赞美人要给大家看，不可以借赞美人来立自门户，形成"排斥外人，结果却害'死'自家人"的小圈圈。

一般人千万不要养成瞎吹乱捧的不良习惯，把自己的信用破坏得天天往下滑落。赞美别人，多少要有一些根据，要与事实相去不远，只是夸大了一些。只有这样，被赞美的人才觉得受用，而相关或不相关的人也比较听得进去。

赞美别人要遵循五个原则，分述如下：

1. 不要害怕面对面称赞别人。尽管对方未必完全相信，但是说出来总比不说出来要好。如果不方便当面赞美，可以采用打电话等方式，切忌吞吞吐吐，以至连自己都觉得很可笑。

2. 找机会向对方求助或征求意见。这种方式往往能够产生比直接称赞对方更好的效果，因为对方比较容易相信我们的诚意。

3. 依据事实，以诚恳的态度来满足对方被人尊重的内心需要。比如，常以对方知识丰富、本领高强、经验老到来满足对方在知识、能力、判断力等方面的虚荣心，易于使对方对我们产生信赖和好感。

4. 具体说出对方的优点，寻找可以满足对方需要的赞美之词，可以让他感到无比地高兴。

5. 诚恳称赞对方为之得意的成就，如对对方事业和子女的成功加以适当赞美，但不可刻意讨好。

不刻意讨好任何人，是我们一再重复的观点。因为有太多的人对讨好产生误解，这种人一方面痛恨讨好的行为，另一方面却又不知不觉地讨好他人。看到他人讨好的行为便心生厌恶，自己讨好他人的时候，却又觉得如此才是有礼貌的表现。究其原因，除了对自己和对他人使用双重标准之外，就是自己对自己内心的动机最为明白。没有讨好的心，却有讨好的形，当然不是讨好的行为。别人的动机我们不清楚，就容易认为别人是在故意讨好。

# 和谐是人际关系的理想状态

人际关系的理想状态究竟是什么？和谐？有些人认为落伍。合理？似乎相当正确。但是，合理的标准又实在太过模糊。圆满？要求沟通圆满还有可能，希望人际关系圆满好像有点儿过分。现代？够时髦，却令人摸不着头脑，不明白它到底代表什么。想来想去，我们依旧沿用"和谐"这两个字。中国人讲求"和为贵"，孔子希望"君子和而不同"。待人和气而不同流合污，不但切合现代人的实际需求，也可以由"和"而"安"，帮助企业或家庭达到安人的境界。

## 和谐的表现：从容不迫

待人处世要和谐，人际关系也需要和谐。和谐代表一种和气，"和气才能生财"，这是中国人最喜欢的主张。和谐的表现，正是当年朱子所说的从容不迫。一个人、一个家庭、一个机构，如果真能够从容不迫，无论在人际关系还是公共关系方面都是第一流的。

从容不迫并不是"反正无所谓，因此不急不忙"。抱有这种想法的人已属不忠厚，而不忠厚的人即使从容不迫，也不过是自欺欺人式的从容不迫，而不是真正不忧不惧式的从容不迫。

一般而言，社会上有两种和和气气的人：一种是内心忧惧，以致到处讨好的人。这种人虽然表现得和和气气，内心却相当虚伪且缺乏诚意。另一种则是内心不忧不惧，不讨好任何人，也不欺压任何人，心正意诚地和和气气的人。我们不寄望前一种和气的人会与他人产生和谐的人际关系。因为这种人心里必然有所企求，一旦企求实现不了就会当面或背后制造不和谐的气氛。我们衷心希望后一种和气的人来共同缔造和谐的人际关系，因为这种人不会"和稀泥"，也不会表里不一地明和暗争，在危难时刻还能够同舟共济，实在是当今社会最迫切需要的人。

## 和谐的目标：化解矛盾

化戾气为祥和，是和谐人际关系的目标。中国人常说"大事化小，小事化了"，这种"化"不是"和稀泥"式的化，而是"皆大欢喜"式的化，是真正的中国功夫，着实不简单。要做到这一点，基本理念有三，分别说明如下：

**1. 简化人际关系。**

农业社会时代，尽管人与人之间的关系十分复杂，但大家有较长的时间来互相认识，也有较多的时间来调整彼此的关系。现代商业社会，人与人之间的关系变动很大，只有彼此之间的关系得到简化，才能够产生实质的作用。为此，笔者建议把人分成四个层次，由自己开始，再由个人到家人，然后推及朋友，最后推及一般人：亲戚之中，近亲并入家人，远亲纳为朋友；同时把朋友这一层次的范围加以扩大到同宗、同事、同乡、同学、同业、邻居、同年以及熟悉的外国人；一般人这一层次则包括点头之交、陌生人、其他人以及一般的外国人。

2. 有差别地爱人。

尽管有很多人在大力倡导平等的爱，笔者仍旧赞成中国人原有的"有差别地爱人"。爱是有差别的，父母就是父母，不同于朋友；认识的人便是熟人，不同于陌生人。对不同层次的人给予不同的爱，以免出现"爱所有的人，结果爱不了任何人""爱人类，却天天和家人吵架"的怪现象。要爱人，先要爱自己；要爱别人的父母，先要爱自己的父母。人对人的爱一方面要真挚，另一方面更要合理。

3. 心存谅解。

人与人之间既然不可能没有差别地爱，那么，彼此互相谅解就成为"化"的必要条件。如果你对他比较好，对我不太好，我应该充分谅解，认为你之所以有这种表现，必定有原因。人人反省，并且反省之后能自我改善，以谅解的心情来化解人际之间的各种不公平问题，人际关系自然日趋和谐。心存谅解，自然容易化掉人与人之间的矛盾。

## 和谐的手段：在技巧中融入伦理

笔者发现，希望大家抱持互相谅解的心情来化解矛盾事实上愈来愈困难。因为现代人受到西方某些观念的影响，变得有些没大没小，很不容易在这一方面保持谅解。于是，笔者才依据正名的原则，把人际关系正名为人伦关系。

有些人对伦理有成见,一提起人伦关系,就认为它是阴险、权术和圆滑的代名词。为此,笔者认为有必要阐释一下人伦关系的特点。人伦关系的特点具体如下:

**1. 正直而不阴险。**

有些人一提起中国人的人际关系,马上联想到"狡猾、阴险、邪恶"这一类字眼,实在令人觉得遗憾,因为中国人最讨厌的其实就是这些行为。

人伦关系既然主张把更多的人当作朋友,那么正直便成为最重要的原则。正直指顺理而言、顺道而行、公正无私(见图7-3)。其中,"正"是要正大光明而不走向偏道;"直"并不是有什么就说什么,而是坚守"应该说的才说,不应该说的绝不说"的原则,做到"不可不说,不可乱说"。公正无私才会诚信相处,彼此安宁。

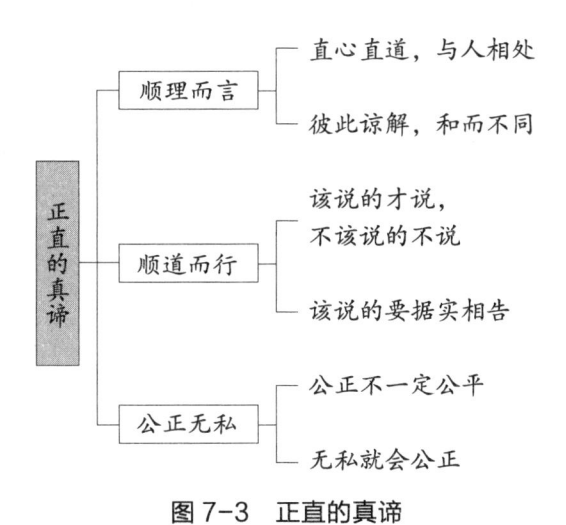

图 7-3 正直的真谛

直，不可无礼。急切暴躁不是真正的直，有话就说也不是直。人人都认为自己正直，实际上，能做到正直的人少之又少。俗话说，山中有直树，世上无直人。愈来愈多的人弄不清楚什么是正直，实在是可怕之至。吵吵闹闹未必是正直，圆通也不见得就不正直，这是大家必须切实加以明辨的。

中国人最奇怪的地方就是每当反省自己的时候，总觉得自己十分正直、诚恳、实在、认真、勤奋、负责，好像所有的美德自己都有。但是，只要涉及其他的中国人，就会想起其丑陋的一面，如奸诈、阴险、欺骗、圆滑、虚伪、马虎、浑水摸鱼、推卸责任，似乎所有的恶行都出现在其他中国人身上。

我们对自己和别人实行双重标准的做法随时展现无遗，可惜自己通常不会注意，以致以为事实如此。

我们也不要受人际关系丑陋一面的暗示，以致自卑到毫无信心。只有先对中国人恢复应有的信心，才可能建立良好的人际关系。

**2. 艺术绝非权术。**

人际交往需要适当的润滑剂，来减轻彼此之间的摩擦，促进人与人的互动。这种润滑剂，我们称之为人际技巧，其实就是一大堆花样。

耍花样的人，很容易惹人厌恶，引起他人反感；但是，完全没有花样、一切直来直去的人也不容易受人欢迎，更谈不上感人。中国人欣赏艺术，讨厌权术，即是十分明白人际关系非有技巧不可，亦即不可以完全没有花样。心正的人就算花样一大堆，也会被称为讲究艺术；心不正的人，如果花样一大堆，便是玩弄权术。艺术和权术一字之差，但动机颇不相同，前者以心正为出发点，后者则因心不正而表现出损人不利己的行为。

现代中国人最好不要盲目排斥人际技巧，否则很难彼此和谐。我们应该分辨清楚：心正的人，有花样并没有不好，不必曲解他或排斥他；对于那些心不正的人，不论他们怎样玩技巧、耍花样，我们都要小心提防，以免上当。

权术和艺术从形式上看起来几乎一模一样，以致很多人分不清楚，也看不明白它们之间的区别。有人把权术当作艺术，结果遭受很多人的反感；有人则把艺术看成权术，极力加以排斥，结果不仅自己寸步难行，还被人视为不近人情。

人与人之间自然需要一大堆花样来促进彼此的互动，维持彼此间的和谐。我们既不可以盲目排斥花样，认为凡有花样的都属权术；也不能心不正地玩弄权术，把别人当作傻瓜。因为这两种极端的态度对自己都没有好处。

富于艺术，绝不玩弄权术，应该是大家努力的目标！

**3. 圆通不是圆滑。**

一般人误把圆通当成圆滑，或者认为自己相当圆通而别人却十分圆滑，最好能够分辨清楚。

正正当当的人需要圆通的修养，以"有事不怕事，无事不惹事"的态度来建立和谐的人际关系。自己愉快，别人也愉快，又能够走正道而万事顺畅，这才是我们追求的和谐。

## 08
# 人际沟通的奥秘

人际关系与沟通密不可分、彼此影响，
沟通不良，容易引起人际关系失调，反之亦然。

沟通不是你说给我听，也不是我说给你听，更不是聊天。
沟通必须说明事物、表达感情、建立关系，然后实现企图。

沟而不通、沟而能通以及不沟而通，
分别代表沟通的三种层次，各有不同特性。

避免沟而不通，力求沟而能通，
至于不沟而通，可遇不可求，随缘最好。

要实现沟而能通，在重视伦理道德之外，
由情入理、少说多听是不二原则。

先定计划、列目标，获取相关人员的支持，
再激发有效行动，按部就班地实现沟通顺畅。

## 良好的沟通是人际关系的润滑剂

人际关系与沟通彼此影响，两者可以互补（相生），也能够相克。如果人际关系良好，沟通就会比较顺畅；沟通良好，就能够促进人际关系的和谐。反过来说，人际关系不良，会增加沟通的困难；沟通不畅，会促使人际关系变坏（见图8-1）。

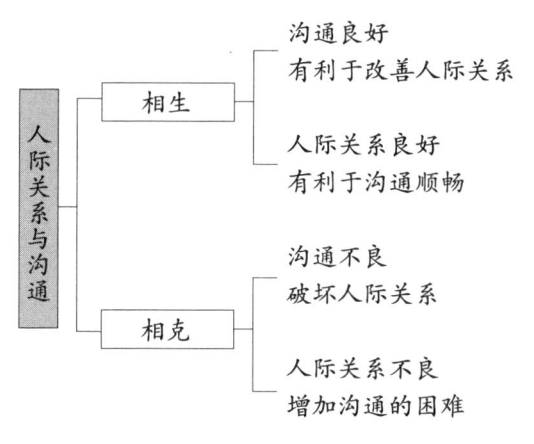

```
                    ┌── 沟通良好
                    │   有利于改善人际关系
          ┌── 相生 ──┤
          │         └── 人际关系良好
人际关系    │             有利于沟通顺畅
与沟通 ────┤
          │         ┌── 沟通不良
          │         │   破坏人际关系
          └── 相克 ──┤
                    └── 人际关系不良
                        增加沟通的困难
```

图8-1　人际关系与沟通相生相克

中国社会尤其重视人与人之间的关系，彼此的关系良好，就算偶尔说错话，也没有什么关系。若是交情不够，或者关系不良，就容易出现每一句话都要被"鸡蛋里挑骨头"，导致很有关系的情况。从这个角度来看前述的"有关系，没关系；没关系，有关系"，应该另有一番不同的诠释。

人际关系与沟通，可以简称为人际沟通。在我们日常生活当中，人际沟通是不可或缺的活动，必须勤加练习，多加磨炼，养成小心因应、用心体会、虚心检讨的良好习惯，一方面使自己的沟通能力不断增强，另一方面促使自己的人际关系获得改善。我们这样做的目的不在讨好任何人。因为讨好所有的人，就等于讨好不了任何人；若是讨好少数的人，势必得罪更多的人。何况中国人警觉性很高，也就是疑心很重，很难达到讨好的目的。不如用心保持和谐、互动、互助的良好状态，通过好好沟通来互相感应。若能心意相通，大家都愉快，那就是良好的人际关系。在愉快的氛围中把正当的事情办理妥当，则是我们共同努力的目标。

所以，不善于沟通的人，最好通过加强人际关系来弥补自己的缺失；人际关系不是很好的人，最好培养沟通的能力，以求改善人际关系。事实上，两者之一获得改善，对两者都有所助益。

# 什么是沟通

## 沟通的认识误区

有人以为，人与人之间互相交谈，你说给我听，我也说给你听，便是沟通。事实上，这种情况可以说是聊天，也可以说是交谈，却未必是沟通。

还有人认为，沟通是我说给你听。我是"发信人"而你充当"收信人"；我发出一条信息给你，你收到信息以后，把它译解，然后采取令我满意的行动。

但是，我说给你听，你未必愿意听；就算听了，也不见得能译解，即使真正了解我的用意，你也不一定按照我的愿望去实现你所了解的信息。

我很热心地说给你听，并不能保证沟通的效果良好；我很确切地说给你听，也不能肯定沟通的正确性。尤其是有些人一心想要说服他人，更是误解了沟通的真意。

所以，沟通不是片面的"我说给你听"。"我说给你听"并不是沟通的法宝，过分表现自己，抢着要说话，对沟通没有好处（见图8-2）。

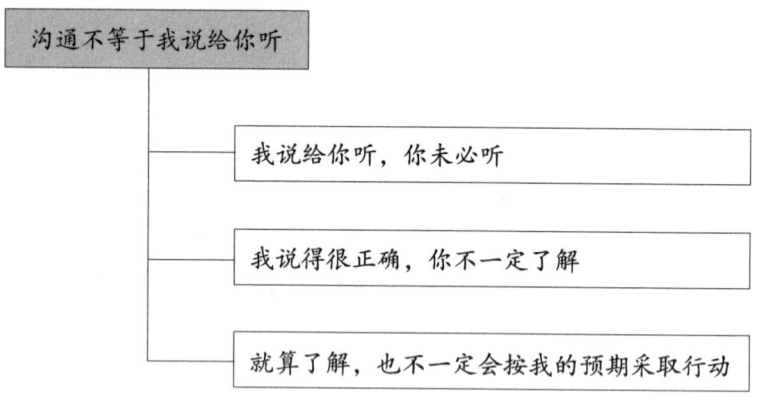

```
沟通不等于我说给你听
├── 我说给你听，你未必听
├── 我说得很正确，你不一定了解
└── 就算了解，也不一定会按我的预期采取行动
```

图8-2　沟通不等于我说给你听

可是，越来越多的人喜欢说话给别人听，好像有机会说话，就不应该放过，以免被大家怀疑不会说话。

对此，老板的感觉应该十分敏锐。他们说："以往的员工最多是有话不说，现在的员工，特别是受过沟通训练以后，变得没有话也乱说。"应对有话不说的员工，固然要花费一些心力才能够让他们把话说出来；应对那些抓住麦克风不放、没有话也乱说的员工，老板恐怕要更加费心才能够有效加以制止。

孔子说："三人行，必有我师焉。"多听人家的话，可以学习到很多书本上学不到的东西，会对自己有很大的助益。因为天下到处皆有学问，一辈子都学不完。然而，仅仅"你说给我听"也不算有效的沟通，因为我完全听从你的信息，我在心里会忍不住会嘀咕："为什么？难道我一点儿主张都不能有？万一你的信息有一些问题，由谁来承担责任？"

最糟糕的是，你说给我听，我认为听懂了，也愿意去做，结果却证明原来我听错了，等于没有沟通（见图8-3）。

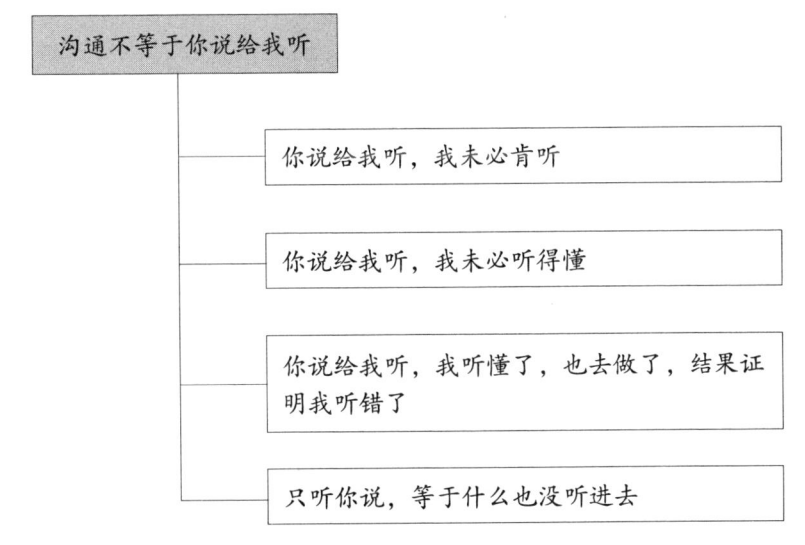

```
沟通不等于你说给我听
├── 你说给我听，我未必肯听
├── 你说给我听，我未必听得懂
├── 你说给我听，我听懂了，也去做了，结果证明我听错了
└── 只听你说，等于什么也没听进去
```

图8-3　沟通不等于你说给我听

竖起耳朵听所有的声音，结果是什么声音也听不见，单听一种声音会被它闹得睡不着觉。同样的道理，聆听每一个人的话，或者聆听同一个人所有的话，也等于什么话都没听进去。所以，中国人听见一句话会赶紧问"谁说的"，便是以"谁说的"来做适当的过滤。甲的话可以听，乙的话就不必听；同样一个人所说的话，有些部分可以听，有些部分根本不能听。一味听人家说的话，也不算沟通。

有所听，也应该有所不听。把听和不听合在一起，不分开来看，才是会听话的人。

我说给你听,或者你说给我听,都属于单向传达,不算沟通。有时候我说给你听,有时候你说给我听,彼此交换意见,而且所说的话还要有交集。这种意见交流可以算是初步的沟通,但要收到预期的效果仍需要双方进一步的努力,因为你说说,我说说,有时候说得很愉快,却没有任何结果;有时候说得很有内容,事后却没有留下任何痕迹。这种情况充其量只能算是聊天,不是充分沟通。我们可以通过聊天来进行沟通,却不应该把沟通当聊天处理。

## 沟通的要素与目的

沟通是人与人之间,或者组织与组织之间传达思想、意志、观念或决定的过程;是通过信息的有效交流,建立对彼此有意义的关系,并通过发展、控制、制衡和维持正常的关系,以增进彼此的了解,达成谅解,谋求协调,建立共识,促进共同目标实现的过程。整个过程必须具有"发信人"、"收信人"、信息以及传递信息的通道四个要素,且四要素都能够有效地协调配合,才能获得良好的沟通效果。其中任何一个要素发生问题,都会影响沟通的效果(见图8-4)。

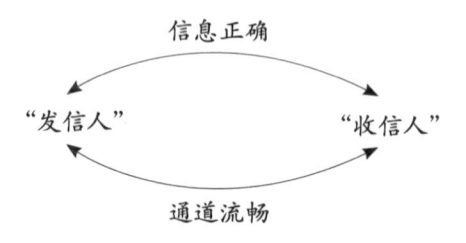

图 8-4 获得良好的沟通效果

沟通应该有预期的目标，然而不适宜一开始便说出来，比较符合"先隐藏起来，再合理表露"的原则。

"这件古董十分名贵，难得见到。我多年来一直想亲眼目睹，始终没有机会，想不到今天有此荣幸。我家里也有一个小的，当然比不上这件。不过，如果大驾光临寒舍的话，我也十分乐意拿出来请教请教。"

这一番话以"这件古董十分名贵"作为开始，通过"多年来一直想亲眼目睹"来表达感情，借着"我家里也有一个小的"来建立"同好"的关系，以达到"邀约大驾光临寒舍"的企图。

以事物作为沟通的桥梁，既具体又不致引起对方的怀疑。中国人警觉性普遍很高，所以显得十分多疑。任何话一出口，对方大多不会就听到的话来判断，多半会在听到的话之外去猜测用意。可见，弦外之音往往比说出来的话更重要。

表达感情的目的在引出双方的情感交流，使双方产生共鸣，以此来建立友善的关系。只要关系良好，对方就不容易拒绝，比较有把握达到企图。

尚未进行情感交流便马上表达企图，很容易被拒绝。由情（引起情感的交流）入理（双方互动找出共同的道理）应该有利于良好的沟通。情感未充分交流之前，各人有各人的立场，也有各自的想法，当然不容易沟通。不如在沟通之前，先让彼此的情感做一番交流，等到大家情绪稳定后再来沟通，效果应该更为理想。

总之，笔者认为沟通有四大目的（见图 8-5）：

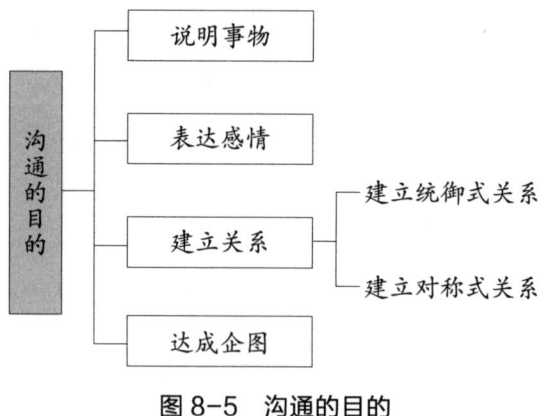

```
沟通的目的 ─┬─ 说明事物
           ├─ 表达感情
           ├─ 建立关系 ─┬─ 建立统御式关系
           │           └─ 建立对称式关系
           └─ 达成企图
```

图 8-5　沟通的目的

**1. 说明事物。**

由"发信人"陈述一些事实，引起"收信人"的思考，以便影响"收信人"的见解。

**2. 表达感情。**

"发信人"表露自己的感觉、主观态度，甚至成见，主要目的在以自己的情感打动"收信人"的心，与其产生相当程度的感应。

**3. 建立关系。**

暗示彼此的情分、友谊，建立友善或不友善的关系。因为不友善的关系有时会引起强烈的共鸣，反而有利于沟通，所谓"请将不如激将"便是一例。

沟通可能会建立两种不同的关系：一种是统御式的，使对方接受或屈服；一种则是对称式的，使对方产生相同的反应。这两种关系通常是相辅相成的，很少单独存在。

我们原先具有的关系对沟通关系的建立经常拥有相当程度的影响力。比如，原先是主管与部属的关系，沟通的时候，主管大多倾向于建立统御式的关系，而部属则大多希望出现对称式的关系。这时候双方都应该依沟通所要达成的目的做出适当的调整。统御式关系比较有利的时候，部属最好主动配合主管，使其觉得具有统治的力量。反过来说，对称式关系比较容易激发部属的潜力，因此必要时主管应该降低姿态以符合实际需要。

建立关系之后，仍需继续沟通，以求适时调整，保持正常，所以，沟通是持续性的。犹如人体内的血液一样，乃是一种循环不息的历程。

**4. 达成企图。**

沟通不可能全无缘由而是有所为而为的行为，不管沟通是公开的还是私下的，都是为了达到某种企图。但是，不能开门见山的时候，就应该逐步来实现沟通，千万急不得。

这四大目的通常具有连贯性，不过，它们的次序有时候可加以变动。譬如，先表达感情，使对方十分有面子，然后才说明事物，也是一种良好的沟通方式。关系特殊的人，不妨先把关系说清楚，在感情的交流上获得有利的进展，然后才说明相关的事物，更容易达成企图。切忌一下子就把企图暴露出来，使大家高度警惕，严加防范，反而达不到预期的目的。隐藏企图更有利于目的的达成。

# 沟通的层次

沟而不通、沟而能通以及不沟而通分别代表沟通的三种层次，各有不同特性。

## 沟而不通

沟而不通的现象普遍存在。沟而不通相当于没有沟通，浪费时间是小事，影响到以后的沟通，那才是大事。

说或不说，都可能沟而不通。

开口说话，有说得不对的时候，也有说得很对的时候。说得不对，听的人可能很生气，就可能当面指责，使说的人简直下不了台。听的人也可能表面上装成无所谓的样子，心里却十分介意。

说得很对，实际上也相当危险。对方很可能因为我们说得很对而觉得没有面子。对方觉得没有面子，就很可能会恼羞成怒，以致蛮不讲理。修养好一些的人表面会很平静，但内心是听不进去的。再好一些的人，表面上会表现得很高兴，却毫无我们期望的反应。这些情况，都是沟而不通的常见现象。

那么，闭嘴不说呢？对方如果看到我们不开口，也来个不理不睬，连"沟"都没有，何来"通"呢？就算对方开口说话，若是不在乎我们有没有反应，或者把他想要说的话说完了就不再说下去，岂不是同样沟而不通？

沟而不通，主要有下述三种原因：

**首先，对方听不进去。**

中国人听话，通常并不注意对方说了些什么，却相当注重对方怎么讲。对方听进去之后，才会进一步思考、分析说话人所说的问题。说话人怎么讲也就是基于什么样的立场来说话，这是听话人听不听得进去的关键。只有当说话人和听话人保持相同的立场，取得听话人的同情，与其建立起良好的关系，听话人才肯放心听下去。所以说，得到与听话人关系密切的人的推荐，或者找人从旁协助，是与听话人建立关系的捷径。

**其次，把对方惹火了。**

中国人虽然普遍讲理，但是生气的时候却又十分不讲理，如果一不小心把听话人惹得火气很大，就会沟而不通。

中国人的情绪说起来十分有趣。由于警觉性很高、疑心很重，因此中国人情绪起伏很大，往往一句话听得不顺，就会想得很多，而且愈想愈多，也愈想火气愈大，就会以"你把我惹火了，我当然不讲理"为借口，干脆蛮不讲理。

所以，唯有小心翼翼，步步为营，在说话前先摸清楚状况，有把握时再开口说话，保证每句话都不能讲错。对方肯说时，一定让他说，这样才不会把对方惹火，才能顺利沟通。

**最后，对方故意气我们。**

有时候为了拖延时间，或者变更行程，甚至是刻意考验，对方会故意无理取闹弄得沟通难以顺畅，造成沟而不通的困境。所以，必须体会对方的意图，以求做出合适的反应，不该激动时不能动气，必要时也可以顺势生气，从而化解困境，顺利沟通。

## 沟而能通

对于中国人来说，听的一方处于听得进去、心平气和以及有面子的状态时，即使说话人有话直说、有话实说，也能够做到沟而能通。那么，什么时候能听得进去呢？就是关系够、交情深以及场合对时，换句话说，也就是人、时、地、事都合理时。

关系够不够，自己心中有数。关系够的人，交情未必深厚。也许平日少往来，与亲戚的交情反而不如与挚友那样深厚。关系够、交情深，若是场合不对，也不能直言。

在关系、交情、场合都对时，听者当然听得进去。

听的人很有诚意，不管说的人如何唐突、无礼，都能够给予合理响应。如果双方都能够有诚意、能包容、不计较，当然沟而能通，一点儿障碍都没有。

此外，当对方觉得很有面子的时候，大多比较容易沟通。中国人普遍存在"在有面子的情况下，自己要约束自己，要讲道理，以免被人家瞧不起"的心态。我们经常听到"给他那么大的面子，还不知道讲理，实在不要脸"的评语。可见，身为中国人必须谨记"愈有面子，愈要讲理"的法则。大家都有面子的时候，彼此都讲理，当然沟而能通。

努力做到上述关系够、交情深、场合对、有诚意、能包容、不计较，大家有面子，沟而能通自然水到渠成。

沟通原本就应该沟而能通。但是，事实上沟而不通的情况到处可见。究竟是哪一方的错误呢？

我们如果把目标指向听话的人，指责他为什么不好好聆听、为什么不理性地回应、为什么不直接把心中的感受说出来……我们可以提出很多质疑，而结果却等于零。因为再多的抱怨也无济于事，听话人不会由于说话者的抱怨、指责而改变他的态度。

最好把方向掉转过来，反求诸己，调整说话者的态度，这样比较容易沟而能通。调整的主要原则有三点：

**首先，妥当性大于真实性。**

说话的时候，务必提醒自己，要说妥当的话而不一定说真话。同样一句话，说得妥当一些，对方比较容易接受；说得过于真实，对方往往接受不了，反而听不进去。

**其次，同情性大于同理性。**

先引起对方的同情，再进一步讲理，通常比较有效。开门见山，一下子就讲道理，常常引出对方的反面说辞。两人立场不一致，愈说愈动肝火，当然沟而不通。

**最后，合理性大于合法性。**

中国人除非对簿公堂，大多不愿意从法律角度谈事情，因为谈法伤感情，导致彼此很难沟通。我们的要求比较高，只接受合理的法，不接受不合理的法，因此，合理不合理比合法不合法更为重要。合理成为沟而能通的主要条件，先由情入理，情理不通时再讲法。

## 不沟而通

中国人十分讲究人与人之间的默契，高度的默契便是不沟而通，是一种难得的沟通美景。请看下面的例子：

有一次，董事长主持会议，由于他十分重视这次会议的品质，因而对贵宾喜不喜欢打开会议室的窗户非常介意。

打开窗户，恐怕外面的嘈杂声音会传进来，使得贵宾不耐烦；关闭窗户，又怕空气不够流通，影响贵宾的情绪。只要窗户的开启或关闭不合贵宾的意思，就可能降低会议的成果，所以董事长对此十分介意。

他没有办法直接请示贵宾要不要把窗户关上，或者让它打开，因为问了等于白问，贵宾大多会这样回答："随便，都可以。"

贵宾这样说并不是没有主见，也不完全是客气，而是一旦回答得太肯定，大家就会说："太官僚了，一定要把窗户关上，根本不管大家的感受。人那么多，还要关窗户，真不知道怎么想的。"或者说："这人官僚气十足，董事长问他要不要关上窗户，他毫不客气地说不用。打官腔打惯了，对谁都改不了，真是可怕。"无论怎样回答，结果对贵宾都很不利。

其实，董事长不用请示贵宾，他有一位与其很有默契的干部甲，可以轻松地帮他解决这个问题。

董事长只要用眼睛看着干部甲，干部甲就会自行思索："有什么事情要我做呢？"他知道此时此地不宜发问，于是他看看周遭的事物，想想可能的状况，很快就明白了董事长的用意，就走过去把窗户关好。由于这一动作不是出自董事长的指示，贵宾才敢告诉干部甲："不要关，开着比较好。"干部甲回答："对，对，开着空气更流通。"这样一来，董事长心中的疑虑就一扫而空了。干部甲和董事长之间的不沟而通确实有效而快速。

尽管不沟而通十分困难，却也不是毫无章法可循。相信按照下述三个步骤，必能收到愈来愈好的效果（见图 8-6）。

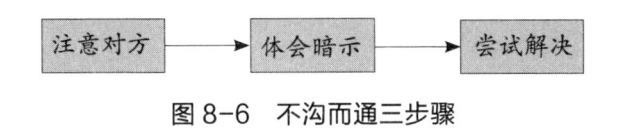

注意对方 → 体会暗示 → 尝试解决

图 8-6　不沟而通三步骤

**首先，要注意对方。**

毫不关心对方，不注意观察对方的举动，当然无法不沟而通。因此平日要养成良好习惯，随时随地注意对方的举动，不依赖对方的言语表达，而是主动捕捉对方的肢体语言。不讨好对方，也不炫耀自己的能力，我们所要做的事，只是将心比心，通过心灵去感应对方，使对方的心意能够畅通地传过来。

**其次，用心体会对方发出的无声信息。**

站在对方的立场，想想他有什么不方便说的话、不好启口的事情，或者说出来可能引起若干后遗症的地方。将心比心地换位思考，把自己当作对方，想想他希望我们做出来的反应究竟是什么。平时多多体会，必要时才掌握得准。抱着以抓得住对方的立场为荣的心态，锻炼自己的推测能力，务求精准。

**最后，寻找若干可供使用的方案，择优而行。**

瞄准对方的需求，模拟出若干可能的方案，再依对方的立场和行事风格，评估、分析后，选择其中最合适的当作定案。先试试看，合适，最好；不合适，再行调整，以求获得合理回应。若是效果良好，便是不沟而通，自然皆大欢喜。

对于以上三个要领，用心的程度愈深，效果必然愈好。我们常说："努力没有用，用心才要紧。"努力可能产生很多种不同的结果，包括好的，也有一些不好的。例如，努力浪费资源、努力制造纠纷、努力散布谣言，当然是不好的现象。用心就不一样了。一个人用心的时候，应该是凭良心在做事，否则就谈不上用心。既然凭良心，就很难做出不好的事情，所以凡事用心，大家才能够安心。

# 沟通的原则

## 在沟通中注入伦理观念

由于中国人重视伦理，人际关系最好调整为人伦关系。这样一来，沟通的时候也需要融合伦理的观念，以免破坏人际关系。例如，讨论一件事情，西方人的习惯是把和这件事情相关的人员召集在一起共同讨论。当这些人聚集在一起的时候，他们通常不计较彼此的身份地位，可以畅所欲言。中国人则不然，我们就算把相关人员聚集起来，也会拘泥于彼此的身份地位，不敢贸然发表意见。通常上司在场，除非上司授意，否则部属不能发言；就算上司授意，也要摸清楚上司的授意到底是真的，还是只是客气的表示。

专业人士当然享有发表意见的权利，大家也会给予较高的重视。但是，如果专业人士在沟通中不讲求伦理，同样会造成人际关系的失调，影响自己的升迁和前途。

同样具有专业技能，同样富于沟通的技巧，由于彼此的伦理修养不一样，也会形成不同的人际关系。可见，专业人员同样需要通过合乎伦理要求的沟通，来建立人伦关系。

## 先情后理，由情入理

中国人喜欢说"六合"。"上下、左右、前后"形体六面即是对"六合"的几种解释之一。沟通当然要上下、左右、前后面面顾及，也就是说必须通六合之情，才能真正沟而能通。

唐朝名相陆贽对"下情上达，上情下知"的沟通过程有很深刻的探讨。他认为"上情不通于下则人惑，下情不通于上则君疑。疑则不纳其诚，惑则不从其令"。要做到上司不怀疑部属，而部属也不觉得困惑，就有赖于上下之间的两情相通，再推而广之，以求通左右之情、通前后之情，那就是真正的沟通了。

如何做到在沟通中通"六合"之情呢？就是要先讲情，后讲理。中华文化是世界上罕见的"有情文化"，主张通过情面来沟通，因而把沟通当作情感交流来处理，经由彼此的通情，进而达到合理的境界。大家通情达理，自然有利于沟通，给他面子，让他自己讲道理。大家都抱持这种心态，对上情下达、下情上达，必有很大的助益。左右势均力敌，谁也不怕谁，谁也不一定要让谁，更需要通过面子、互相尊重来增进沟通的效果。

所以，在沟通之前，应该先充分考虑相关人员的面子问题。沟通的时候，更处处顾虑对方的面子，在情面上兼顾得宜，沟通起来，必然更加顺利。

## 少说话，多倾听

沟而能通要少说话，多倾听。

爱因斯坦说："成功（A）＝工作（X）＋游戏（Y）＋少说话（Z）。"少说话，会令人觉得高深莫测；多说话，就会暴露自己的浅薄无知。不开口，人家还不知道你的内涵；一开口，便立即暴露无遗，自己弄得灰头土脸。万一因此而丧失说话的信心，大半辈子不敢说话，还不是害自己？

少说话绝非不说话。应该和他说话却不说，就会失去这位朋友，称为失人；不应该和他说话却说了，一定会产生一些不良的后果，称为失言。应该说才说，不应该说便不说。只有懂得少说话的道理，才能够在必要时言之有物、言之成理，做到既不失人，又不失言。

会说话而少说话的人最受人重视，也最值得大家敬重。非说不可才说，这时要注意内容、意义、措辞、声音、姿势，务求沟而能通。

少说话永远是不败的根基，站在少说的立场来说，能不说就不说，不能不说则求说得恰到好处，才是真正会说话的人。

一个人自言自语，很容易被误认为疯子；两个人对谈，若是闹得很不愉快，那就是吵架。人际沟通常常是一群人聚集在一起，要做到沟而能通，心中一定要有这些人的存在，并且以尊重他人的态度来和每一个人做良性的互动。既不能够偏重某些人，使其他的人感觉受到冷落，又不应该只顾自己，想说什么就说什么，爱说什么便说什么，因为这样的沟通只能算是自己在表达意见，完全没有顾虑到人际关系的因素。譬如，我们常常见到好几位母亲聚在一起，可大家都在夸赞自己的孩子，多么聪明活泼，十分可爱，却没有人在听。这种情况，只能算是集体独白，并没有沟通的功能。

所以，善于沟通的人，必须随时顾及可能产生的人际关系，以免无意中破坏自己的人际关系，造成恶劣的沟通效果。

# 沟通的步骤

## 沟通之前定计划

美国实用主义教育家约翰·杜威（John Dewey）说过："问题说清楚了，就已经解决了一半。"

沟通之前务必切实澄清有关观念，做好系统分析，了解问题的要点，制定沟通目标，然后依据目标进一步制订沟通的计划，考虑有关的变数，从而选定沟通的对象、方式和通道。这样做，沟通就可以说成功了一半。

一见面就开门见山，直接说明来意，很容易引起对方的自我防卫意识，先把沟通的大门关闭起来。在这种情况之下，沟通的障碍已经形成了，再来寻求突破，实在很不容易。

所以，见面时，中国人喜欢先东拉西扯，说些看起来没用的话，其目的在于了解对方的情绪状态。

"吃饱了吗？"

"像你这么好命！"

这段对话基本上和吃饭没有关系，其真正用意应该是：

"你现在的心情好不好，适不适合做一些沟通？"

"我此刻的心情坏透了，你最好少说话。"

这就表明现在不适合沟通。

如果对话是这样的：

"吃饱了吗？"

"刚吃饱。"

这就表明对方心情不错，可以进行沟通，于是接着说："跟你说两句话好不好？"

对方一般不会拒绝，因为只有两句话，怎么可能不答应呢？这样开始，持续说两三个小时，彼此越说越投缘，当然沟通良好。

由聊天开始，先扯来扯去，摸清楚当时的状况，让对方警觉性降低，再转入正题，未尝不是一种有效的沟通方式。可惜有很多人，由聊天开始，却也在聊天的气氛中结束，完全没有触及主题，未达成任何沟通的目标，那就完全是浪费时间和精力了。

见面时先寒暄几句，试探一下对方的情况，在聊天中不知不觉切入主题，把握重点，才能够提升沟通的效果。

## 主动邀请，集思广益

美国管理协会（American Management Association）建议，计划沟

通内容时应该尽可能获取他人的意见，亦即寻求有关人员的参与，以获得他们的积极支持。

事实上，与别人交换意见，不但可以使自己的观念更加清楚，对问题的重点更加了解，而且能够集思广益，得到更多有效的解决方案。

中国人喜欢参与，却又不敢贸然参与，因此，设法邀请有关人员参与成为沟通的一个重要步骤。

一般说来，老于世故的人经验十分丰富，但是如果我们不主动请教，他们无论如何都不会说出来。有时需要我们一再诚恳询问，他们才会说出答案。所以，营造民主和谐的沟通气氛，养成请教他人的习惯，真正尊重他人，对众人的参与有很大的帮助。

参与其实就是我们平日常说的理会。中国人基本上相当热心，喜欢主动理会很多事务，甚至于不够尊重他人的隐私。一旦中国人不愿意理会，事态就相当严重。不理不睬已经是一种不可忽视的制衡或抗拒力量，千万不要掉以轻心，以免持续下去，造成死结，怎么解也解不开，那样沟通起来就更加费力了。我们常用不理会来暗示某种不满。如果对方明白了这种暗示，马上有所补救，我们也会转而对其加以理会，一切心结化于无形。

热心参与的人，未必具有专业素养，也可能另有企图。我们在邀请他们参与的时候，务必用心慎选，以免所请非人，反而造成很多不必要的困扰。但是，对于主动前来参与的人，也应该善加对待，使其安心参与，并且持续保持高度的热情。千万不能引起参与者的不满，以免参与者产生疑惧而不愿参与，进而影响到以后的邀请。

## 言而有信，激发有效行动

沟通的目的在使组织活动达到调和，并且达到最佳的效果。因此，激发有效的行动才能够发挥沟通的力量。

若是沟通了，彼此有了共识，却不能产生具体的行动，基本上仍然是一种空谈，不算是有效的沟通。

美国斯坦福大学管理心理学教授哈罗德·利维特（Harold Leavitt）从心理学的观点来研究激发员工的行为，提出下列四种主要的方法：

1.权威法。

利用职权行使权威，不如运用行为规范的参考权，如主管的人格、学问、技术、体会等。

2.胁迫法。

利用不合法的威胁手段，例如老板以辞退来迫使员工服从，容易引起反抗，导致双方不欢而散。

3.操纵法[①]。

通过私人关系，运用感情说服对方，使其产生预期的行动。使用这种方法必须刻意诚正、光明正大，否则对方察觉之后，必然产生强烈反感，甚至会发誓报复。

4.协助法。

引导对方自动产生预期的行为，虽然比较费时费力，但无副作用，是最合适的方法。

这四种方法，实际上可以分开使用，也可以合并使用。以协助法为主，辅以操纵法、权威法或胁迫法。不一定四种都要，不妨灵活运

---

① "操纵"现在大多数情况用作贬义词。利维特这里要表达的是比较中性的意思。

用，以增进效果。运用的时候，自己心里明白就好，不可以明显地表示出来。

一般人对权威有所误解，认为权威便是利用职权心理威胁利诱。其实真正的权威是使人自愿参考、学习和模仿，不是因心生害怕而不得不从。令人心悦诚服才是建立真正权威的最有效途径。

沟通效能的良好与否，系于"收信人"对"发信人"的信任度。信任度高，效能必定良好；反过来说，彼此的信任度不够，沟通效能就很差。

"发信人"的态度积极，"收信人"的态度也因而积极，于是产生了预期的积极行为，沟通效能当然良好。若是"发信人"消极，"收信人"也消极，两者互相配合，效能照样良好。

如果"发信人"积极而"收信人"消极，或者"发信人"消极而"收信人"积极，由于彼此不能配合，互不信任，沟通效能自然不良。

"请将不如激将"是一种例外的运用，不可频频为之，所以不能依此类推。

每一个人的被信任度都是自己一点一滴累积起来的，平时注重自己的诚信，沟通时才能够获得高度的信任。

言而无信会对沟通产生很大的障碍。人与人之间如果不能互相信赖，沟通时各怀鬼胎、彼此猜疑，当然难以沟通。所以，为求沟而能通，必须随时注意保持自己的被信任度。

一旦出现沟通不良，或者沟而不通的情况，最好先反省自己，并且调整自己的态度和方式。唯有改变自己，才能够让对方自行改变；也唯有对方自己改变，才有真正改变的可能。一般人喜欢说服别人，其实说服力并不存在，对方自行改变并不是说服力的功劳。

## 09 实现有效沟通

面对面沟通、书面沟通以及电信沟通，是沟通三大方式，
在不同情况随机使用这三种方式更为有效。

组织内的命令传达、主管提示、会议和电话，
都是正式沟通的有关活动。

员工之间的传言、谗言和谣言，
都是非正式沟通。

正式与非正式沟通都很重要，
最好兼顾，以正式沟通来引导非正式沟通。

上行、下行、平行，是沟通三大流动方向。
上情下达，下情上达，平行之间也要通达。

直接和迂回，是沟通两大途径。
有时直接，有时迂回，不固定，有权变，较为有效。

# 沟通的三大方式

沟通的方式，大体分为口头沟通和文字沟通两大类。口头沟通包括面对面沟通与电话沟通，文字沟通包括书面沟通与网络沟通。如果将电话沟通和网络沟通合称为电信沟通，那么沟通的方式可以分为面对面沟通、书面沟通和电信沟通三种方式（见图9-1）。

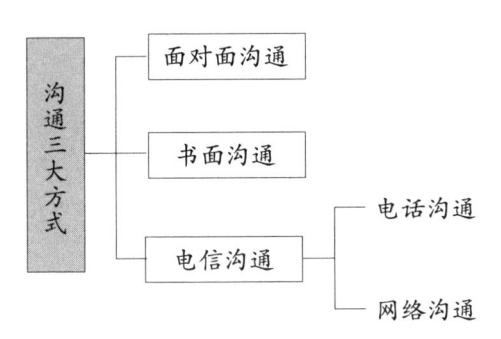

图 9-1　沟通的三大方式

## 面对面沟通

面对面的沟通，其优点为亲切而具有弹性，有利于双向沟通，所以通常比较有效。面对面沟通可以应用在下列各种情况：

1．"收信人"很有兴趣获得此类信息。

2．"收信人"太忙，可能没有时间阅读书面文件。

3．"收信人"可能有不同的意见，甚至是批评。

4．"收信人"获得此类信息时，可能产生相当的抗拒或强烈的反感，而"发信人"又必须适当坚持，需要反复加以说明，或者复杂信息使得彼此需要互相讨论才能真正了解。

5．彼此关系密切，使用口语比较自然。

6．"收信人"只能聆听或者偏爱面对面沟通。

我们常说"见面三分情"。面对面沟通时，彼此的感情最容易交流。若有一些不如意的地方，也可以立即加以调整。同时，从对方的反应找出自己的缺点，应该是比较合适的做法。因此，重要的事情最好面对面沟通；就算不是十分要紧的事，如果情况许可，也可借着面对面沟通来增进彼此的关系；等到将来遇到重要的事情，沟通起来必然更加有效。电信沟通和面对面沟通毕竟还有一些差距，有时候电信沟通讲不通，我们就必须赶紧想办法见面沟通，以资补救。

一般说来，凡是和自己切身有关的事情，人们大多希望以面对面的方式来处理，以期获得比较好的结果。如果自己不方便开口，或者情势相当不利的时候，就会委托妥当的人士作为中介，务求以彼此的情分，来增进沟通的效果。迫不得已时，也要亲自冒险，争取面对面的机会。

但是，面对面沟通的正确性，往往不如书面沟通，常常造成下述三种缺失：

首先，认为自己听得很清楚，但因语言本身存有若干障碍，使我们很不容易听出"发信人"的真意。因此，在面对面沟通时，必须配合对方的身体语言，才能更好地理解对方真意。

其次，不好意思问明白听不清楚的部分，以致以讹传讹，错误百出，甚至意思完全相反。

最后，强制把自己的意见加在对方身上，造成"当面勉强对方承认"的局面，使当事人十分不愉快，增加了沟通的困难，影响沟通的效果。此类沟通方式的优缺点如图9-2所示。

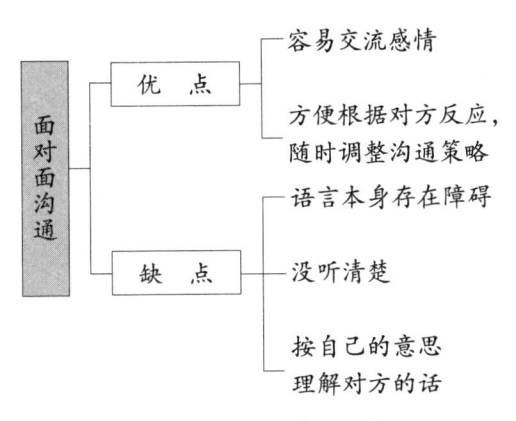

图9-2 面对面沟通

所以，在面对面沟通时，必须注意下列要点，来弥补这一沟通方式的不足：

1. 充分了解对方。越了解对方的背景和兴趣，越能调整自己的谈话内容和次序来配合对方，以增强沟通效果。

2. 选择适当的时间、地点。沟通的时间要充足，免得匆促中造成错误，或者无法达成目标。地点要合适，要让沟通双方不受干扰或分心。

3. 清楚、明白地表达。不可吞吞吐吐或者使用意义含糊的词句。音量要适度，让对方听得清楚，以免产生误解。

4. 简明、扼要地说。不可反反复复，也不能遗漏要点。最好先简单说明要点，再分段说明细节。

5. 不断观察对方。眼睛自然地看着对方，随机调整自己的声调、语气和姿态，并且适当地结束谈话。

## 书面沟通

一般而言，书面沟通在时间、费用方面都较为经济。与面对面沟通相比，也比较正确、详尽，更具有权威性，且容易永久保存。大致说来，书面沟通适用于下列几种情况：

1. "收信人"多，而且愿意花费时间阅读和了解。

2. "收信人"分散，不可能集中面对面沟通。

3. "收信人"需要较长时间来充分研究信息。

4. "收信人"需要保留书面的记录，以方便查询或当作凭据。

5. "收信人"需要按照一些程序去完成指令，最好有书面的说明，可以按部就班，方便随时查阅。

6. "收信人"听力有障碍，听不清楚或事后记不清楚，甚至有忘记的情况，需要利用书面资料来作为面对面沟通的补充。

7. 不善于面对面沟通，或者特别喜欢书面沟通。

然而，书面沟通也容易造成下列缺失，必须小心预防：

1."收信人"无心阅读文件，顺手将其放在桌上或抽屉里，根本不去管它，问起时则以没有收到或者还没有看为理由来推卸责任。

2."收信人"不想看的文件，看完可以装成没有看到。

3."收信人"不想配合的文件，可以装成看不懂或者看错了，做出自己想做的行为，还具有相当的理由。

4.书面拒绝比口头拒绝容易得多，若干说不出口的内容比较容易以书面形式来表达。

所以，为了使"收信人"想看，必须提高他们的阅读兴趣，因此在建立书面信息的公信力之外，尚需注意下述八点：

1.要有简明的主旨，引人注意的字句。

2.尽量口语化，亲切、活泼而且清楚、明白。

3.避免令人不悦的措辞，以免引起"收信人"的不良情绪反应。

4.事先模拟"收信人"可能产生的疑惑，适当地在书面信息中给予解答。

5.依照书面沟通的内容切实执行，增强书面文件的可信度与公信力，使大家自动想看，且给予相当的重视。

6.必要时指定询问或联系的电话或人员，以方便"收信人"查询。

7.明确"收信人"，然后用电话询问其是否收到以及有无任何困难或意见，使"收信人"无从推托。

8.在文件的形式、内容方面，力求趣味化，也可以配合彩色的变化，吸引"收信人"的注意，增加其阅读兴趣。

有时候把书面沟通和口头沟通配合使用，可以收到很好的效果。特别是内容比较复杂，或者有资料必须作为计算的依据时，通常先口头沟通，再把书面文件交给"收信人"，这样让他听完之后，还可以查阅书面资料，十分方便，也比较正确。

采取哪种沟通方式，主要应该依据"收信人"的习惯和沟通内容的性质。如果他们喜欢面对面的方式，就应该尽量以口头为主，以书面为辅；反过来说，如果他们习惯于使用眼睛看，不喜欢用耳朵听，那就应该以书面为主。

## 电信沟通

中国人重视"见面三分情"，面对面沟通的效果显然较好。但是，在商业社会，大家都十分忙碌，样样要面对面沟通，事实上相当困难，而书面沟通的效果经常会打很大的折扣。因此，通过电信手段进行沟通的人越来越多。电信沟通包括打电话、发送电子邮件和上网交谈等方式。由于是通过电子媒介进行沟通，所以电信沟通不完全属于口头沟通，也不完全属于书面沟通。其中，电话沟通偏向于口头沟通，电子邮件则偏向于书面沟通，而上网交谈则介乎二者之间。

电话沟通越来越方便，也越来越普遍，有事没事打个电话已经成为日常生活中非常便利的沟通方式，特别是对于紧急联系、临时通知、节日问候、生病关怀和亲友联络等，电话沟通更是快速而有效。电话沟通盛行之后，面对面沟通和书面沟通的比例大量减少，甚至成为电话沟通的辅助方式。可见，电话沟通已经日渐普遍，成为沟通的主流。

电话沟通虽然快捷方便，但很难像面对面沟通那样亲切、生动、灵活，此方式只适用于下列几种情况：

1. 距离远，无法面对面沟通，却又希望尽快获得回馈。

2. 关系够，交情深厚，见不见面都一样，电话沟通既快速又节省时间。

3.同时和不同地点的人通话，彼此可以协商，交换不同的意见，十分方便。

4.见面时反而不方便开口的事情，最好用电话来说明。

5.暂时不能见面，先以电话联络感情，以利日后的沟通，或者见面会增加对方的麻烦，不便打扰。

6.便于录音，然后反复聆听以增进了解，或者为了便于存证。

电话沟通不仅有一定的适用范围，还容易因为沟通不当造成恶劣的结果。比如，出现了下列情况：

1.利用电话沟通之名，通过电话聊天，影响工作效率。

2.占用电话的时间很长，以致其他人打不进来，严重影响与其他人的沟通。

3.利用电话录音，然后剪辑成歪曲事实的录音，进行不正当的行为。

所以，在电话沟通时应该注意下列七个要点：

1.事先列出要点，以免匆忙中有所遗漏。

2.态度诚恳真挚，不要矫揉造作。这样可以弥补不能见面造成的情分缺失。

3.报上自己的姓名，让对方充分明了电话沟通的对象。

4.尽可能使用自然悦耳的声音，切忌装腔作势。

5.适当称呼对方，增进彼此的关系。

6.通话中必须暂离或打断，应该向对方说明理由。

7.对方谈话的要点必要时可以重复说一遍，以免错误。

除此之外，最要紧的莫过于不要让对方听见自己挂断电话的声音。相信被人挂过电话的人，都很不乐意听到那种声音。很多人喜欢说完话便马上挂断，这样做固然可以缩短时间，减少一些费用，但很容易让电话那一方的人听到挂断电话的声音，导致对方很不愉快而造成某些恶果。所以，最好的办法便是养成习惯，即通话完毕并不立即挂断，而是有一些过渡，然后才挂断，力求双方都听不到挂断电话的声音，以确保通话所带来的愉快气氛持续下去。

用心的人就算看不到对方的脸部表情和身体姿态，单凭声音的传递，也能够掌握对方的心意。所以，电话沟通时，不能够认为对方眼睛看不见，便不重视自己的仪态和情绪。

同样的道理，尽管用电子邮件沟通十分方便，却由于个人的使用习惯不同，会有不一样的结果。有些人借口事后才看见来推卸责任也是让人防不胜防。至于上网交谈，其情况更是复杂，尤其是这种方式毫无伦理可言，亟待大家共同努力，以资匡正。

# 巧用非正式沟通渠道

## 非正式沟通的种类

正式沟通系统是组织内命令传达或下情上达的正式通道。非正式沟通系统，则是正式沟通系统之外，不为组织体系所承认的成员之间的私下交谈（我们称之为非正式沟通）。非正式沟通按性质可以归纳为三种，分别是传言、谗言和谣言（见图9-3）。

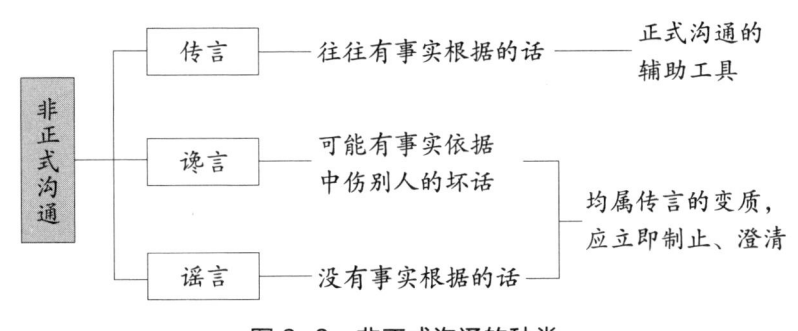

```
              ┌─ 传言 ── 往往有事实根据的话 ──── 正式沟通的
              │                                  辅助工具
非正式沟通 ───┤
              │         ┌ 可能有事实依据
              ├─ 谗言 ──┤                    ┐ 均属传言的变质，
              │         └ 中伤别人的坏话      │ 应立即制止、澄清
              │                              ┘
              └─ 谣言 ── 没有事实根据的话 ──┘
```

图 9-3　非正式沟通的种类

传言是组织成员互动的结果。传言往往不是空穴来风，而是有事实依据的，只是这些事实在正式沟通系统中未能妥当处置，因而成为传言。任何组织都免不了有传言，我们无法阻止，也不必畏惧，反而要善加运用，将传言作为向上沟通或向下探测的工具。

好好运用传言，还可以增强成员的团体意识，激发大家的工作兴趣，了解成员的工作情绪。换句话说，传言是正式沟通的辅助工具，可以增进沟通的效能。

传言经常会变质，有时变成被人用来中伤别人的坏话，叫作谗言。

谗言有的有事实根据，却被恶意加以膨胀或扭曲，目的在于增强杀伤力，使被中伤的人受到更大的打击；有的根本没有事实根据，是有人凭空编造出一套对某人不利的言辞，这套言辞传扬开来，企图给予某人相当的伤害，所以大家都说"谗言可畏"。

有能力而没有本事的人最容易制造谗言。有能力和有本事的区别在于，有本事的人不仅有能力，还必须表现得为众人所接受。一个人有能力，却不能表现得为众人所乐于接受，便是一个没有本事的人。不表现则已，一表现立即受到谗言中伤的人，自己也应该反省，然后设法改善，使自己早日免于谗言的伤害。

此外，谗言满天飞表示领导中心有问题，因为组织内充满不安和不平的气氛，大家都想借着谗言来测试真相到底如何。于是，人人加油添醋，个个热心散布，使领导中心根本动摇起来，这样的情况实在很危险。

谗言是有害无益的非正式沟通。最好能够以公正的态度严厉禁止，不许任何人制造。对于谗言的处置，必须采取重视的态度，查明事实，以期真相大白；并且尽可能揭发谗言的制造者，使其无所遁形，以遏阻散布谗言的歪风。

减少谗言最好的办法莫过于调整领导风格，改变组织文化，使大家乐于发挥道德勇气，促使团体在安定中求进步。大家不但不散布，而且不制造，谗言自然不见了。

另外，有一种传言的变质，叫作谣言。它的特性是完全没有事实依据，却不一定刻意伤害他人。

谣言应该止于智者。意思是说，聪明的人听到一种传言，就会理智地判断，明辨其是根据事实，还是散布者自己编造的。如果组织成员的态度都相当明智，谣言就会止于智者，因此逐渐减少，以至于断绝。但是，谣言往往不会自动停止，因为人有好奇心，听到新奇的东西，多半会顺口流传，以致成为谣言的散布者而不自知。所以，一旦发现谣言，便应该勇敢地出来辟谣，这种道德勇气才是团体安定的力量，千万不能忽视。

## 善于利用非正式沟通

美国管理心理学家凯斯·戴维斯（Keith Davis）认为，组织成员在心理上、情绪上都有对团体提出意见、分担责任的需求。如果在正式沟通渠道无法获得相当的满足，员工就会通过非正式沟通来进行。他指出，非正式沟通有下列四种不同的通道（见图9-4）。

1. 单向传布线，信息沿着一条长线流传，由A到D。
2. 闲谈传布线，信息由一人向众人传布。
3. 概率传布线，信息随机传布，既没有一定的路线，又不一定向所有的人去传布。

4. 群集传布线，团体内每一个人都传送到。

单向传布线　　　　　闲谈传布线

概率传布线　　　　　群集传布线

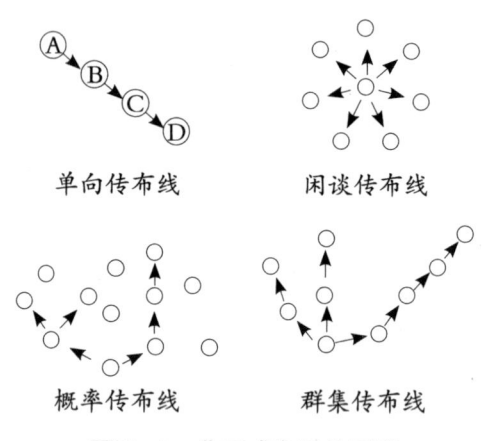

图 9-4　非正式沟通的通道

单向传布线如果是固定的，则 A 很可能就是这一非正式组织的领袖；如果是变动的，表示 A 只是喜欢传布的人，亦即通常扮演闲谈传布线中心人物的那一位"广播电台"。

概率传布，多半是无心的，反正人传我，我传人。群集传布希望每一个人都知道，有意的可能性较大。

无心的传布和有意的传布，其动机显然不同。前者可能是出于好奇，或者想获得证实，表示自己知悉内情等；后者则可能与领导者有心结，想趁机搞点儿小动作，至少制造不安的气氛。对有意散布传言的成员，必须特别加以关心，力求化解心结，增进协同一致的内聚力。

不必把非正式沟通当作坏事，因为有正式的，就必定有非正式的，基本上摆脱不了，也无法完全禁止。把非正式沟通看成正式沟通的辅助系统比较切合实际。凡是不能或不愿意通过正式沟通渠道的意见，让它由非正式沟通来传布，对组织内的工作气氛往往具有缓和、稳定的作用。只要设法加以过滤、澄清，然后导入正式沟通系统，不需要加以排斥。从非正式沟通当中发现正式沟通的弊病，才是领导者应有的心态。

如果希望保持组织中的沟通关系合理和谐，组织领导就必须善于利用非正式沟通渠道，为此要遵循以下六大法则：

1. 善用员工之间的传言作为探测员工真正意见的工具。

2. 发现非正式组织的领导者，与其做非正式的沟通，从而搜集重要的信息，帮助组织做出正确的决策。

3. 明辨谗言，及时予以制止，免得员工之间彼此猜忌，伤及无辜。

4. 明察谣言，正确辟谣，以免混淆视听。

5. 通过非正式沟通，放出"气球"，以测试大家的反应，并将其作为决策参考。

6. 正式宣达命令之前，先经由非正式通道使大家心理上有所准备，以消减抗拒或抱怨。

中国人的特性，说起来就是警觉性高而疑心重。保持高度警觉，以求明哲保身，一直是我们的教育目标。组织内沟通良好与否，组织领导应该负起70%的责任。组织领导是不是能够掌握上述六大法则，并确实付诸实行，可以判断组织中的沟通关系是否合理和谐。不和谐，大家整天吵吵闹闹，怎么能够安心做事？过分和谐，很可能掉入"和稀泥"的陷阱，导致一团和气而一事无成。合理和谐就是保持5%的异样声音，以提高大家的警觉性。

## 以正式沟通引导非正式沟通

重视传言，但不应损及正式沟通系统的威信及成员间的正常关系。组织内的重要信息仍然需要经由正式沟通系统传播，以免造成紊乱。所有传言，只能用来辅助正式沟通的不足，千万不能喧宾夺主，造成不正常的关系（见图9-5）。

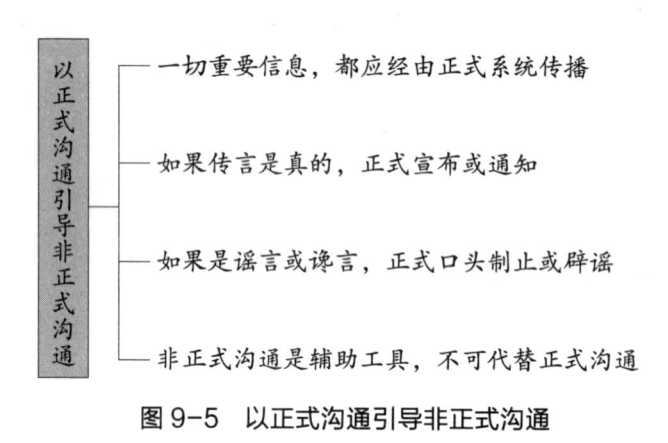

```
                ┌── 一切重要信息，都应经由正式系统传播
以正式沟通引导   ├── 如果传言是真的，正式宣布或通知
非正式沟通      ├── 如果是谣言或谗言，正式口头制止或辟谣
                └── 非正式沟通是辅助工具，不可代替正式沟通
```

图9-5　以正式沟通引导非正式沟通

有时信息传布得很快，不过传布的人都宁愿说"这是一桩秘密"。如果是真的，就应该依照正式沟通系统，把它公布令人周知；若是假的，也可以通过正式沟通系统予以辟谣或揭穿，以维护正式沟通系统的公信力。

借助非正式沟通的经验来调整正式沟通，以此来提升沟通效果，应该是大家共同努力的目标。譬如传言中的事实部分，为什么会被扭曲？如果深入追究，应该可以找出真正的原因。有时候将其拿来作为修正决策的参考，很可能获得意想不到的效果。

一个人若是能够把相关的谗言当作磨炼，以无比的毅力通过一关又一关的谗言考验，相信必能获得更多的赞赏和信任。"真金不怕火炼"，好人也不必害怕谗言。最要紧的还是自己不要利用谗言来中伤别人。只要对此有所不为，针对自己而来的谗言就会相对地减少。

自己要做到不制造谣言，也不散布谣言，就必须对于组织的实际情况有比较正确而清楚的认识。所以，组织最好利用适当的机会，向组织成员发布有关的信息，以正式的沟通来减少谣言的产生。成员知道得越多，谣言必然越少。

分析组织内非正式沟通的通道，配合这些通道所传布的信息，应该可以找出组织内非正式沟通的重点，对于用来促进正式沟通的功能，往往有很大的助益。从事这样的分析研究，其动机必须是正面的，不能够用来打击非正式沟通，以免产生负面的影响。

大家的警觉性普遍很高，才能够点到为止，采用不明言、暗示性的沟通；若是成员的警觉性不够，最好一点再点；如果还不能点醒，这时候才不得已采用明言的方式，稍微说得清楚一些，以免沟通不良引起大家的反感。

说话人先用含含糊糊的语气来测试反应，再以清清楚楚的言辞来发布信息，更为安全。若是从头到尾都是含含糊糊的，会给人一种不负责任的感觉，结果必然是沟通不良。含含糊糊地清清楚楚，意思是以含含糊糊的情绪来寻求清清楚楚的结论。将非正式沟通导入正式沟通系统时，可以尝试运用这种方式，以免造成对非正式沟通的威胁，增加将其导入正式沟通系统的困难。

# 沟通的方向

## 沟通的三大方向

沟通有三种主要的流动方向，分别为向下、向上及平行，三者各有各的特性与原则。

1. 向下。组织内高阶层所拟定的政策、目标、计划，必须向下传达，使部属知道并遵循。另外还有员工教育训练、业务指导以及激励诱导等，也需要由上向下沟通。向下的原则在求上情下达。

2. 向上。员工向上级陈述意见、提出建议、报告工作进度或提出问题，都要向上传达，甚至抱怨、批评或者表达有关意见，免不了要向上沟通。向上的原则在求下情上达。

3. 平行。同阶层人员的横向联系，包括单位或个人在工作上的交互作用以及工作外的来往交谈都需要平行沟通，以促进对彼此的了解、关怀和协调，免得产生隔阂而形成本位意识，影响合作与团结。平行的原则在求心意相通。

这三种沟通方向，对任何人而言，都是常用的，且这三种流向和身份、职位的关系并非一成不变，同一个人，三种流向都有可能需要应用，基本上都应该多加练习，以利沟通（见表9-1）。

表9-1　沟通的三大流动方向

| 方向 | 内容 | 原则 |
| --- | --- | --- |
| 向下 | 传达政策、目标、计划、业务指导、激励诱导 | 上情下达 |
| 向上 | 陈述意见，抱怨、批评有关问题 | 下情上达 |
| 平行 | 单位、个人之间彼此了解、关怀、协调 | 心意相通 |

## 上对下要放低姿态

上司与部属沟通，最好把上下的观念变成主伴，必须认识到彼此之间没有什么上下差别，只是出于办事的需要才有了主伴之分，而且主固然重要，伴也不可少。所以，上司应该抱着看得起部属的心情，也怀着"红花虽好却要绿叶扶持"的期待，以关怀的口吻、关心的态度加上开阔的心胸来善待部属。基于这一认识，上对下的沟通需要遵循以下要领：

1.多说"小话"，少说"大话"。

很多上司讲话喜欢用专门术语或深奥难懂的名词讲"大话"，却不懂得讲一些生动的"小话"。常见而具有亲切感的"小话"，才够生动、鲜明而富有创造力。

2.如非紧急状况，上司不要急着说，要先听听部属的意见。

部属不说，上司要先体谅其苦衷，了解其立场，最好以关怀的心情，表达关心的态度，让部属敢说、肯说、愿意说。这种方式对上下的意见交流有很大的助益。

**3. 不在部属面前搬弄是非。**

当着甲说乙的短处，又当着乙说甲的缺点，这样的上司必然会被部属怀疑，从而招致他们背后的议论。

**4. 不要厉声指责部属，以免伤了和气，引起意气之争。**

万一忍不住发火，要赶快设法"灭火"。

**5. 广开言路，接纳意见。**

最要紧的是不要死不认错，敢向部属认错的上司，更能得到部属的信任。

上对下沟通，部属大多会主动礼让三分，以示尊敬。主管若能依据上述要领，通常可以上情下达，为部属所乐于接受。

## 下对上要礼让三分

我们讲上对下要放低姿态，不要高高在上，使部属产生畏惧感，从而不愿意沟通。那么，下对上沟通的时候，部属心目中要有上司，要有上下之分。只有部属礼让上级三分，上司才会表现出主伴的涵养。若是认为自己和上司处于同等地位，甚至以为自己对上司有贡献，就和上司没大没小起来，弄得上司不得不摆出上级的样子，那就会对自己相当不利。所以，下对上的沟通要遵循以下要领：

**1. 设法让上司想听，还要说得有效。**

如果上司听不进去，部属多说无益；如果部属说得没有效果，说不如不说。

**2. 意见相同时，要热烈回应。**

但不要说"我也这么想"，最好说"我想了许久都没有想通，原来这样最好"。

**3. 有不同意见，要先表示赞同。**

先说好，再表达自己的意见以提供参考；或者提出问题，反过来请教上司。

**4. 有相反意见，勿当面顶撞，上司叫部属说时才说。**

因为只要部属不说话，显出一直在深思的样子，上司就会明白部属的立场。

**5. 有意见补充，要用引申式。**

不要说"我有一些补充"，而要说"这样一来，像这一类的问题都解决了"之类的话。

**6. 有他人在场，要顾虑上司的面子。**

让上司明白部属不会伤害他，他就会放心让部属把话说完。

**7. 心中有上司。**

上司对部属最在乎的，就是部属的心中到底有没有上司的存在。所以，部属在与上司沟通时，必须做到心中有上司，在沟通时注意沟通的方式、内容和语气，这样上司就会察觉出部属心中有自己，就会对部属的意见格外重视。反之，如果部属心目中根本没有上司的存在，上司就不想听，就会对沟通产生很大的障碍。

总之，中国人特别重视伦理，对于上述要领，一定要多加注意，以免引起上司的反感，增加下情上达的难度。

## 平行之间相互尊重，互惠互利

上对下和下对上的沟通常常保有三分的礼让空间，比较容易找到合理的平衡点。而平行之间，大家一样大，很容易产生"谁怕谁"的心态，对沟通十分不利。所以，平行之间沟通时要遵循以下要领：

1. 彼此尊重，才方便沟通。

大家一般高，所以要先从自己做起，尊重对方，对方才会予以同样的回报。

2. 设身处地为他人着想。

一个人如果一心一意为自己打算，本位主义相当严重，就很难令人沟通。要保证平行之间沟通顺畅，就应该设身处地，站在对方的立场，为对方考虑。

3. 采取平等互惠的原则，不要刻意占便宜。

对方有意或无意吃亏，我们都要善意提醒他，以建立"和我打交道，一定不吃亏"的信用，增加大家对我们的信任。

4. 用正心和诚意来促进彼此的了解。

这种功夫是平日就要加强的，临渴掘井很难收到效果。

5. 创造有利的情势，把握适当的时机，选用合适的方式。

如果遭遇困难，更要诚恳地化解。

6. 可以圆通，但绝对不能圆滑。

一味推、拖、拉，根本缺乏沟通的诚意，当然效果不佳。

7. 发现对方有心结，必须用心化解。

先找出关键所在，再以实际行动来补救。空口道歉，并没有多大作用。

8.有时先通过部属与部属的沟通，再提升到主管对主管的沟通，相当有效。

9.情势不利时，必须谨慎地先开口。

对方接腔时，我们要赶快打住，让对方发表意见。不论沟通的结果如何，我们都应该向对方表示感谢，为以后再沟通留下余地。

10.对方实在不愿意沟通时，我们可以采取PPT的方式，请上级来主持。这样一来，对方不得不参与，我们可以趁机沟通。

**沟通的共同要领**

上、下和平行之间，虽然各有不同，却也拥有一些共同的沟通要领（见图9-6）。

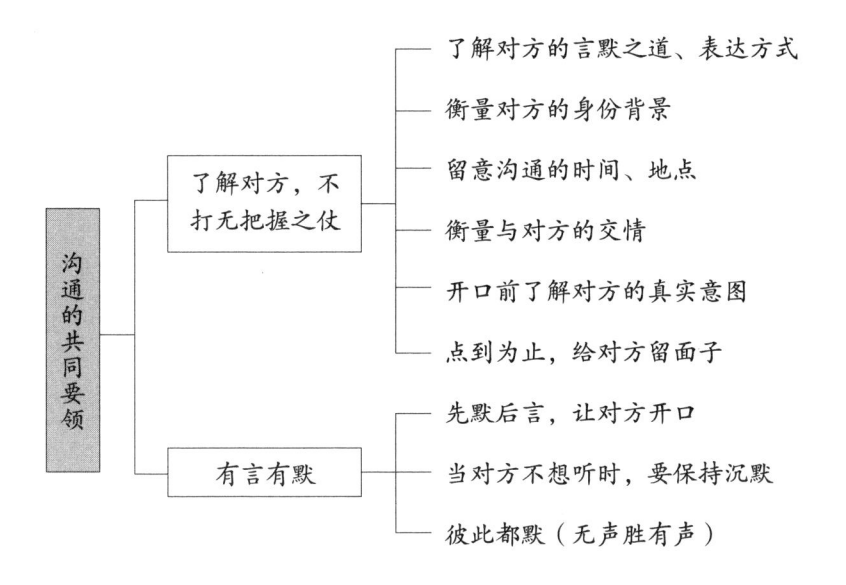

```
                           ┌─ 了解对方的言默之道、表达方式
                           ├─ 衡量对方的身份背景
              ┌─ 了解对方，─┼─ 留意沟通的时间、地点
              │  不打无把握 ├─ 衡量与对方的交情
沟通的共同要领─┤  之仗      ├─ 开口前了解对方的真实意图
              │             └─ 点到为止，给对方留面子
              │             ┌─ 先默后言，让对方开口
              └─ 有言有默 ──┼─ 当对方不想听时，要保持沉默
                            └─ 彼此都默（无声胜有声）
```

图9-6　沟通的共同要领

**首先，要了解对方，不打无把握之仗。**

由于中国人一切以人为主，习惯通过人与人之间的关系来处理各种事务，所以沟通的要领仍然以沟通对象的言默之道（说或不说的动向）、表达方式、身份背景和交情深浅等为主要的考虑因素。

要了解对方的言默之道，了解对方的表达方式，知道对方喜欢先说还是后说、喜欢采取主动或被动，知彼之后才来因应，便知道什么时候应该说、哪些事情可以说。

衡量对方的身份、背景以及时间、地点的不同，调整自己的言辞、态度及动作，以求制宜。

衡量交情，该详细深入的才放心说出。记住交浅不言深，关系不够，保留一些比较好。对方想知道自然会问。

冷静、耐心地倾听对方的意见，了解他真正的用意和需求再来沟通，当然是上策。如果一时摸不清楚对方的需求，不妨暂时以不同的话题来加以探测比较安全。

对事要尽量凭资料，勿凭记忆。对人则反之，而且要点到为止，千万不要撕破脸，使对方恼羞成怒。

**其次，要做到有言有默。**

开口之前先想不说可不可以，不可以不说，才说。该说的，一句都不可少；不该说的，半句都不可多。知默然后知言，自己持默，对方才会开口。我们常说希望多听对方的意见，自己却说个不停，把时间都占用完了，对方怎么有机会开口？

某次公开演讲结束之后，有一位热心的听友走过来客气地说："我有一个问题想请教，为了不耽误您的时间，能不能边走边谈？"于是他一路走来，说个不停，一直到送上车，说再见，始终没有停止过。

可见，有言无默，不但难以沟通，也使自己失去了请教别人的机会。

不刻意讨好，也不过分赞扬，适度地抬高对方，使其由听得进去而听出想要的东西来。对方不想听时，最好先持默。此时如果贸然开口，说得愈多，对方愈反感。有时候不说话所传达的意思，更能够引起对方的省思。但不说话不代表不动脑筋，要想想怎么讲对方才会听。

彼此都默也是一种沟通。正所谓"无声胜有声"，因为心语已相通，心语一通，沟通自然水到渠成。

双方立场不同，意见不同也很自然。双方都需要摸索，也都有赖于对方的体谅，这样才能够沟而能通。

## 沟通的有效途径

沟通时可以考虑两种途径，一是直接的，一是迂回的。前者是"发信人"不通过任何第三者径自找到"收信人"，不论是面对面、打电话，还是发书函、文件，都属于直接沟通；后者则通过第三者，采取迂回沟通。

一般说来，双方关系够密切、交情够深厚、所谈内容不足为外人道、彼此利害相关，或者可能损害任何一方的名誉，最好采取直接沟通。当然，对于那些确实喜欢一切直接的人，或者舍此没有更好途径时，也可以采用这种方式。

至于关系不够密切、交情尚浅，或者对方个性喜欢迂回，以及让对方有打圆场的机会，则适合采取迂回沟通。此外，认为第三者比较客观，与对方交情深厚，比较容易达成目标，也是以迂回沟通为宜。

## 单刀直入，直接沟通

直接沟通，就是直接找到所要沟通的对象，采用不同的表达方式来进行沟通。通常采用直接沟通必须遵循下述三大原则：

**首先，直接交办的事宜如果机密性高，不方便假手他人，以直接向交办人报告为合理。**

例如，员工甲直接接受老板的交代，调查某一事故的原因。员工甲虽有直属上司，但因事属机密，仍然应该直接越级报告，不宜层层传达上去（见图9-7）。

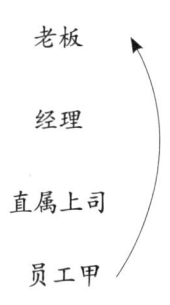

图9-7　机密性事件可直接越级报告

员工甲越过直属上司和经理，直接向老板报告，经理或直属上司不必介意。而员工甲也不应该大张旗鼓，有意张扬，以免引起经理或直属上司的不悦。

**其次，一般事务的报告，就不应该越级，要向自己的直属上司陈述，才属合理。**

一般事务却越级报告，通常被称为打小报告。这种行为不但上司不能接受，别人也会指责此人的行为为小人行径。事实上，只要大家都能做到有什么不对马上同上司直接沟通，就可以减少许多大事故的发生，也可以避免很多不必要的误会（见图9-8）。

直属上司
↑
员工甲

图9-8　一般事务向直属上司报告

最后，紧急事宜的请示以自己的直属上司为第一对象，但如果直属上司恰巧不在，可以越级请示。

不过，事后应该立即将完整经过向直属上司说明，还必须向他表达不得不如此的歉意，以免直属上司起疑，认为你心目中没有他的存在。必须要注意的是，这种越级行为最好不要时常发生，否则很容易让直属上司认为你是在有意出他的洋相。

直接沟通也是有前提条件的，那就是在对方听得进去、听得乐意以及听得合理的情况下（见图9-9）。

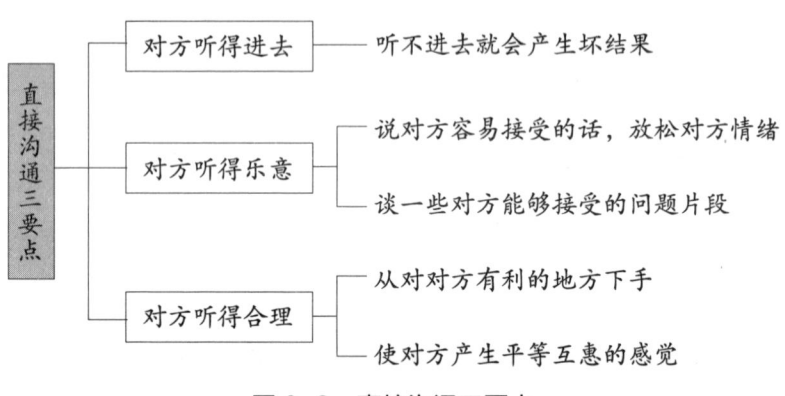

直接沟通三要点
- 对方听得进去 —— 听不进去就会产生坏结果
- 对方听得乐意 —— 说对方容易接受的话，放松对方情绪
                —— 谈一些对方能够接受的问题片段
- 对方听得合理 —— 从对对方有利的地方下手
                —— 使对方产生平等互惠的感觉

图9-9　直接沟通三要点

如果对方根本听不进去，就有可能马上产生很坏的结果，甚至导致不可收拾的局面，这样就不能直接沟通，只有转向迂回沟通或暂时不沟通。

要让对方听得乐意。先说一些让对方比较容易接受的话，使其情绪放松，乐于沟通，这时才谈一些对方能够接受的问题片段，然后循序渐进，逐步达成沟通的目的。换句话说，就是采取先易后难、各个击破的方式，随时视对方的反应来调整自己的谈话内容。

要让对方听得合理。无论哪一部分，都要先从对对方有利或者不吃亏的地方下手，让他产生平等互惠的感觉，让他觉得合理，自然容易沟通。

沟通的时候，以对方听得进去为第一要务。对方听得进去之后，我们才促使对方听得乐意。只要对方乐于接受，就必然会增进沟通的效果。这时候必须小心把握，不要借着对方听得乐意，提出一些不合理的要求，否则对方在乐意的时候很快接受，事后就会生出反感，甚至觉得自己上当了。无论如何，保持合理的程度，让听者事前事后都十分乐意，才属合理。让对方乐于接受，只是为了提升效果，不可趁火打劫，获得不合理的结果，才是中庸之道。

## 巧用中介，迂回沟通

迂回沟通是借着传话人和"收信人"的关系，以及传话人的表达技巧，把信息有效地传达给"收信人"，并且产生预期效果的方法。

迂回沟通适用的情况很多。例如，到出纳那里领钱，并未当面点清，事后却发现少了一张。如果直接前去索要，多半自讨没趣。因为出纳出于自卫的本能，多半会说出跟你相反的意见。这种情况就可以采用迂回沟通的方式。比如，找到出纳的好友，请他转达自己的意见。如果中介得宜，相信可以顺利解决问题。或者向出纳的这位好友声明：这种小事情，过去就算了，不必告诉出纳。这种方式有时更能促使中介自告奋勇，设法把钱索回。

当因上司误解招来一顿痛骂，如果不方便当面申诉，可以通过上司的秘书或助理代为转达自己的苦衷。如果秘书有意帮忙，多半可以顺利达到目的；有想法时，如果没有把握能够获得上司同意，可以通过秘书或助理，先试探上司的心意，再来提出适当的建议，只要秘书或助理有心协助，大多能够沟而能通。所以，平日要和秘书或助理打打交道，有事时让其从中代为传达，常常有意想不到的功效（见图9-10）。

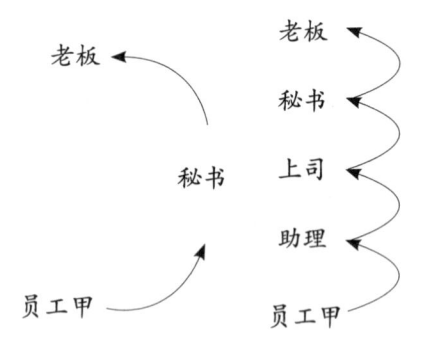

图 9-10　通过秘书、助理代为转达苦衷或试探提出建议

迂回沟通能够成功，作为中介的传话人是关键。因此，在选择中介时，必须遵循以下要点：

**首先，中介是否公正。**

凡是公正的传话人，都比较容易为沟通双方所接受，因而增加顺利沟通的可能。

**其次，中介是否热心。**

不热心的中介，可能会对你的请求一拖再拖，以致误了时机；也可能马虎了事，很难完成迂回沟通的任务。

**最后，中介是否合适。**

所谓合适，是指我方可以委托而对方又能够信任的人，除了正确地传递信息之外，还能巧妙地沟通双方的情谊，重建双方关系，以求圆满。

如果中介公正又热心，但与"收信人"关系不够或交情尚浅，便不合适。所以，通过什么人来迂回沟通，实在是相当重要。如果中介不合适，往往有害无利。

中介可以是组织内部的同人，也可以是外部的热心人士。一般来说，组织内部的事务以同人为优先。因为自己人对内部事务比较熟悉，做起中介来往往更加顺畅。组织外部的事务，可以寻找外部人士来当中介，一方面比较客观，另一方面也对这些事务比较熟悉，进行起来效果更佳。所以，平日要有意培养些沟通中介，可以在沟通中减少许多无谓的困扰。

## 审时度势，交互使用

直接和迂回两种沟通途径各有各的优缺点。直接沟通，优点在于双方面对面，能够掌握当前的所有信息，因此可以随机应变，及时调整沟通方法。迂回沟通关键在中介，如果原本十分值得信赖的中介，在沟通过程中，由于某些因素，忽然变得令人不敢相信，这时候换人不好，不换人更不好，往往增加很多困扰。

所以，最好不要固执于其中的某一条沟通途径。也就是说，不要任何事情都采取直接的途径，或者对任何人都不直接沟通，一定要通过他人进行迂回沟通。中国人主张不执着，便是不必要坚持非怎样不可，而是看情形选择有效的途径。先试一条，不成再试另外一条也无不可。同样一个人，由于沟通内容性质不一样，有时采用直接的途径，有时则采取迂回的途径，应该是比较妥当的方式。但是，切忌同时进行不同途径，这样自相干扰，反而会弄巧成拙。除非准备决裂，抱着"置之死地而后生"的态度，才可以同时又直接又迂回，双管齐下。

例如，在前述各种案例中，我们很容易了解，员工甲遇到老板直接交办的机密事宜，如果按照一般事务来处理，先向直属上司报告，很可能就会泄密，而这会令老板不满。但是，紧急事宜必须设法让直属上司知道，以免直属上司事后知道，对自己不利，所以还是以直接沟通为宜。

直接沟通、迂回沟通之外，有时还需要暂时不沟通。时间会带来某些变化，是暂时不沟通的主要依据。往往随着时间变迁，人的情绪和事情的发展都会产生若干变化，原本牢不可破的阻碍可能变得易于破解。

在现实世界中，这三者往往可以交互使用。如果有妥当、可靠的中介，且他们可以解决问题，而自己又最好不要出面时，宜采用迂回沟通。如果先请相关人士试探一下，然后再自己亲自去沟通，可以看成迂回和直接沟通的混合使用。一旦沟通产生障碍，一时又想不出良好的办法，则可以暂不沟通。因为暂时停止，让彼此的情绪平静下来，或者找出更为合理的方案，再来持续进行沟通，反而效果更好。

总之，任何事情在沟通之前，务须考虑采取哪一种途径比较有效，然后分析相关因素，包括人、事、地、物，再做决定。千万不要忘记谋定而后动的原则，显得鲁莽或不够圆熟，以致影响沟通的效果。

10

# 全方位突破沟通困境

上下两情不通，左右沟通不良，
大部分是人为疏失造成的。

"先说先死""不说也死"，构成了沟通的两难困境。
说也不是，不说也不好，令人左右为难。

"说到不死"，才是理想状态。
在先说与不说之间，寻找合理的平衡，以求"不死"。

二者最好兼顾，做到面面俱到，
既不可有话不说，也不能有话直说，更不可乱说。

# 扫除沟通四大障碍

沟通,就是"发信人"和"收信人"的两情相通,实际上却经常出现两情不通的现象,我们称之为沟通不畅。沟通障碍源于四个方面,即"发信人"的障碍、"收信人"的障碍、信息的障碍以及沟通双方的语言、心理障碍。

## "发信人"的障碍

"发信人"对于沟通的效果影响十分重大。如果"发信人"发出信息的方法不当,"收信人"就很可能产生误解或反感。

一般来说,"发信人"通常有三大错误:

1. 认识不清。

包括对"收信人"不够了解,对信息不够清楚,所用的文字或语言不够明确,对沟通的主旨不够明白,以及对沟通的功能有所怀疑。

2. 发信不当。

包括选错时间、选错方法、选错地方、选错信息、选错"收信人"、选错语气，发出信息太多或太少，所发信息不足以引起"收信人"的注意和兴趣。

3. 态度不好。

包括对信息抱持排斥或不想沟通的态度，对"收信人"抱持不热心或不愿意沟通的态度，不理会"收信人"是否了解，以轻率的态度来运用沟通技巧，以及"发信人"自己言行不一。

认识不清容易发出错误的信息，使"收信人"产生误解；发信不当，违背"发信人"习惯的沟通方式，也可能带来沟通障碍。有些人喜欢亲眼见到，不善于用耳朵聆听，属于目视型；有些人不善于阅读书面文件，喜欢人家讲给他听，称为耳闻型。当然，有更多的人两者都可以接受。

所以，在沟通之前，最好先了解"收信人"的沟通习惯，明白他究竟喜欢口头沟通、书面沟通还是电话沟通，然后尽量投其所好，以利沟通。例如，上对下可以试探地问："你喜欢哪一种方式？"下对上不方便直接询问，可以向上司的助理或秘书打听。实在不清楚，可以找一些无关紧要的事尝试一下。平行沟通，可以让自己的部属向对方的部属先行了解，再做决定；或者先试着口头沟通，看看效果如何，如果不行，再换其他方式。

就算信息本身十分正确，也可能会引起收信不良的恶果。"发信人"如果态度不好，即使再正确的信息，再合适的发信方式和途径，也会激起"收信人"的不满情绪，特别是中国人的情绪变化很大，只要第一句话说得不中听，常常就无法沟通下去。

此外，"发信人"因身份地位不同，养成了一些不良的习惯，也可能产生某些沟通障碍，影响沟通的效果。唐朝名相陆贽指出，上下两情不通源于上司或部属各有其人为的沟通障碍。具体说来，上有六弊，而下有三弊（见图10-1）。

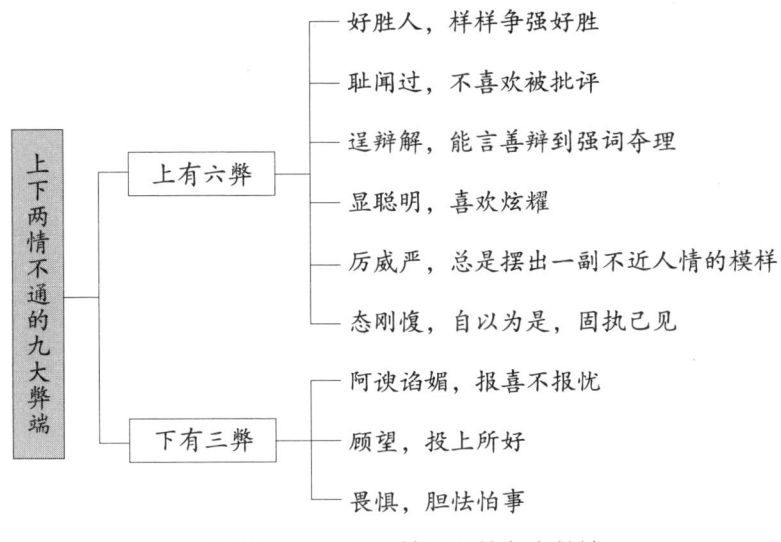

```
                    ┌─ 好胜人，样样争强好胜
                    │
                    ├─ 耻闻过，不喜欢被批评
                    │
          ┌─上有六弊─┼─ 逞辩解，能言善辩到强词夺理
          │         │
          │         ├─ 显聪明，喜欢炫耀
上下两情不通 │         │
的九大弊端  │         ├─ 厉威严，总是摆出一副不近人情的模样
          │         │
          │         └─ 态刚愎，自以为是，固执己见
          │
          │         ┌─ 阿谀谄媚，报喜不报忧
          │         │
          └─下有三弊─┼─ 顾望，投上所好
                    │
                    └─ 畏惧，胆怯怕事
```

图 10-1　上下两情不通的九大弊端

上司六弊包括：好胜人，总认为自己样样都要胜过部属，显得职位高学问也大；耻闻过，听见批评的话，就很不高兴，却很喜欢发现别人的错误；逞辩解，显得能言善道，却不免给人强词夺理之感；显聪明，唯恐部属不知自己聪明，经常要炫耀一番；厉威严，经常摆出一副威严的姿态，与部属拉开距离，使部属畏惧而不敢尽言；态刚愎，自以为是，一味执着于自己的看法。

部属三弊包括阿谀谄媚、顾望和畏惧。阿谀谄媚就是刻意讨好，报喜不报忧；顾望就是见风转舵，投上之所好，以致正义不伸、是非不明；畏惧则为胆怯怕事，多一事不如少一事。

上司有六弊，部属却只有三弊，这表明上下沟通不良，上司所负的责任往往比较重大。可惜上司大都不见及此，习惯把责任推给部属，以致长久以来，上下沟通不畅的状况一直难以改善。

要解决上下沟通不良的问题，上司和部属都要努力改变因身份地位产生的弊端。部属的三大弊端，其实比较容易改变。只要上司不接受部属的谄媚、阿谀，不喜欢是非不明，不赏识胆怯怕事的人，部属很快就会自行调整。而上司六弊，实在很难改变，除非自己检讨改正，似乎别无他法。许多人尚未升任主管之前，总觉得自己的主管不善于沟通，认为自己有一天当上主管之后，会有不一样的表现。可惜事实并非如此。他们往往在担任主管之后更加变本加厉，比那些老主管更不善于沟通。可见，随时反省十分有必要。

## "收信人"的障碍

"收信人"理论上应该保持冷静、客观、公正的态度，仔细聆听或阅读信息，然后用心判断、分析信息，做出合理的反应。然而事实情况通常并非如此。我们很容易发现，"收信人"也常具有三大障碍：

1. 听不清楚。

造成这一障碍的主要原因有噪声太大，影响"收信人"的听取；"收信人"心不在焉；"收信人"身体疲乏，或者在听和看等方面有生理上的缺陷；"收信人"听不懂"发信人"的话；"收信人"不习惯"发信人"的表达方式；"收信人"注意力不集中，或者假装在认真听，其实没有用心听。

2. 听不明白。

原因包括信息太复杂；信息未经组织或整理，容易引起混淆；"收信人"只顾思考自己要说些什么，或采取什么对策；"收信人"假装明白，其实不明白。

3. 听不进去。

原因包括不喜欢"发信人"；不接受"发信人"的语气或神态；不想听这一类的信息；"收信人"自以为已经知道；"收信人"有恐惧、焦虑、愤怒、挫折等情绪上的障碍；根本不希望有所沟通。

听不清楚、听不明白，对信息无法做出正确的判断，基本上很难掌握信息的内容。如果"收信人"有某一种接受信息方式的偏好，可以用"能不能给我一个书面资料"或者"请做一个简单的口头说明，好不好"来暗示对方，让对方知晓，有助于双方沟通顺畅。如果不方便让对方知晓，也可以把对方给我们的书面文件请秘书或助理念给自己听，或者请助理把对方所说的话当场记录下来。这样做的时候，最好事先征得对方的同意，事实上等于请求对方改变沟通的方式。

听不进去是沟通的最大障碍。一旦听不进去，即使听得再清楚，看得再明白，也将听而不闻、视而不见，一切沟通效能都将无从发挥。所以，"收信人"应该平心静气听对方的话，不必计较他怎么说。如果能够做到这一点，我们相信任何一种信息多少都有一些道理，值得我们去听取、去分析、去接纳。至于对方的表达方式、沟通态度、所用语句，不必要多做评断，以免影响自己的情绪，损害自己的接受信息的能力。

## 信息的障碍

信息可以分为认知性的和情绪性的，前者以知识、经验、问题、目标、现状、观念的传达为主，后者则以感情、气氛、态度、敌友、动机、目的等方面的宣示为主。正式会议必须以认知性的信息为主，尽量避免情绪性的发言；非正式会议则常常以情绪性的语言来传达彼此的情感。

信息本身也可能产生若干障碍。如果信息是认知性的，在"发信人"与"收信人"的教育程度和专长背景差异太大的情况下，往往成为很难克服的障碍，因为彼此既难以互相了解，也不易理解对方所要表达的内容。因此，进行认知性的沟通，必须重视对方对信息的了解程度，要求对方适当地回顾信息，以便"发信人"及时调整所用的文字或语言，使得双方对信息的理解一致。如果信息是情绪性的，必须充分考虑对方的立场，明白他所以这样做的原因，否则无法获得真正的信息。

沟通之前，"发信人"要先想一想自己所要传达的信息究竟是认知性的，还是情绪性的，然后把握上述的传达要点，小心地传达相关的信息。为了促进沟通双方的情感交流，可先发出一些情绪性的信息，然后在适当时机引入认知性的信息，一旦发现对方表现出不符合预期的反应，必须赶快做出合理的调整，或者暂时停止沟通，看对方采取什么态度，再做打算。

对人有利的信息最容易被记住。一开口说话，就发出对人有害无利的信息，对方当然听不进去。譬如自吹自擂，宣扬自己如何高明、怎样高人一等、如何受到礼遇等等，无形中已经表露出压低对方、抬高自己的身价的意思，请问有谁喜欢听？所以，改变一下方式，先发出对人有利无害的信息，听者必然愿意接受。譬如，关心对方的近况、传达有利的信息、恭喜对方最近的成就、转达有力人士的关怀等，不知不觉中已经吸引了对方的注意力，也增加了自己的沟通力。

传送的信息内容要简单、明了、有效，同时尽量符合"收信人"的实际需要。传送的时候，必须使用易懂的语言或文字，注意"收信人"的心理背景、利益和需要，传送的信息必须维持统一性，有时可运用非正式沟通的辅助，以期顺利达成沟通目标。

对"收信人"来说，"发信人"当然不会提示"收信人"自己发的信息到底是认知性的还是情绪性的，所以"收信人"应该及时加以判断。有时认知性的和情绪性的信息并不容易分清，更增加沟通的难度。所以，沟通双方都应随时准备澄清，才能克服这种障碍。

## 沟通双方的语言、心理障碍

除了信息本身之外，沟通时双方的心理状态以及使用的语言文字，往往也会造成若干障碍。在中国，中国人的心理、中国话以及中国文字对沟通的影响更大（见图10-2）。

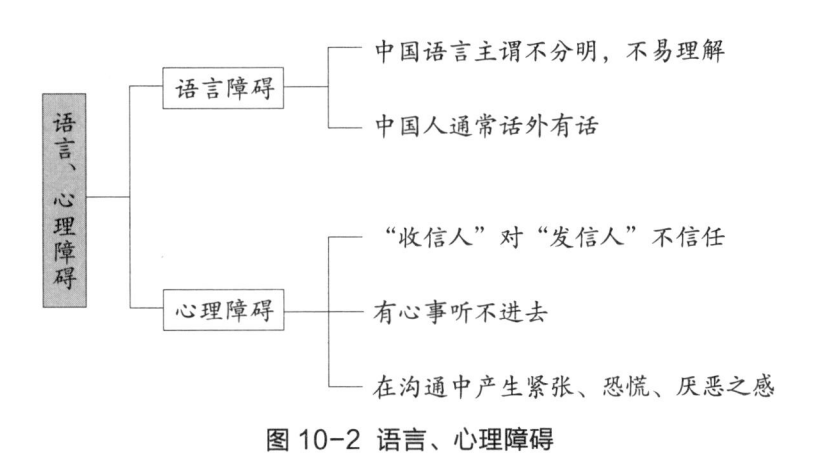

```
                    ┌─ 中国语言主谓不分明，不易理解
           语言障碍 ─┤
语言、      └─ 中国人通常话外有话
心理障碍
           ┌─ "收信人"对"发信人"不信任
           │
           心理障碍 ─┼─ 有心事听不进去
           │
           └─ 在沟通中产生紧张、恐慌、厌恶之感
```

图 10-2 语言、心理障碍

和英语相比，中国语言文字的主语与谓语的区分很不分明，同时

也没有语尾的变化,使我们不容易找到分明的动词,常出现一些"没有头或没有尾"的东西,令人摸不着头脑。此外,中国人常常同时说两句话；一句用嘴巴传达,属于听得见的；另外一句话在腹中,不发出声音,属于听不见的。通常听得见的这句话只能当作参考,而听不见的那句话才是真正的心声。所以,我们最好养成同时听这两句话的习惯,边听边想,体会每一句话的真正用意,然后把它们合并在一起思考,选择合理的意思,才不会听错。

中国人的心理变化在沟通中作用很大,且变动得相当快速。如果"收信人"对"发信人"怀有不信任感,或者另有心事听不进去,甚至在沟通过程中产生紧张、恐惧或厌恶感,就会造成沟通出现严重困难,所以在沟通中,"发信人"必须注重沟通技巧,并随时调整沟通方法,以求制宜。

事实上,中国人、中国话以及中国文字三者存在着非常密切的关系,因为语言文字的生成和发展与中国人的性格必须完全配合,才能够运用自如。但是,中国人的弹性实在太大了,大到语言文字很难密切配合,以致造成相当程度的沟通障碍。

# 突破沟通的两难困境

中国人在沟通时,通常面临两难困境,即"先说先死""不说也死"(见图 10-3)。

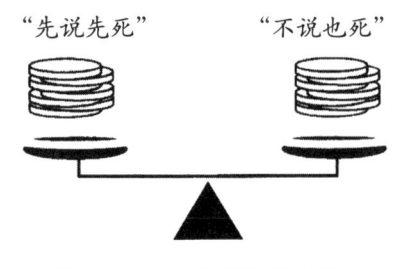

图 10-3 沟通的两难困境

## "先说先死"

销售人员每次说出价格,总会吓跑一些客户。访客自动说明来意,只会促使主人及早做出规避的动作。推销人员一旦表明身份，听的人大多会说"已经买过了"。因为大多数人都不愿意被推销，如此抵挡一下，可以减少许多麻烦。

可见，先说的人总是处于十分不利的情况。说得不清楚，对方怀疑我们的诚意，影响彼此的沟通；说得很清楚，又容易表明自己的立场、态度和观点，甚至暴露自己的企图，使得对方易于调整步调，站在更为有利的立足点，也使得对方充分了解我们，进而掌握我们的动向。

我们有很多沟通方面的习惯，实际上都和"先说先死"具有十分密切的关系。中国人为人处世的第一原则为"先隐藏实力"，避免一下子全部曝光，也是由"先说先死"的痛苦经验所造成的。

如果你问一位美国朋友"这件东西，多少钱买的"，美国朋友大多直接说出价格来。如果你问一位中国朋友"这个物品，多少钱买的"，中国朋友很少直接把价格说出来，反而回答"你猜猜看"。如果你问他"要到哪里去"，答案大多是"随便走走"或"没有"。问他"明天要不要去开会"，他总是回答"还不一定"。问他"今天的会议，有什么结论"，他居然也会回答"没有什么特别的"。这种话虽然让听的人很生气，但不失为保护自己的好方法。

中国人最明白"先说先死"的道理，所以见面不说正经话，专说一些没有用的闲话，生怕先开口，露出自己的心意，让对方有机可乘拒绝自己，达不到目的。

不明白"先说先死"的人，一开口便吃亏，于是怨天尤人，逐渐走上偏激的道路，甚至会造成整个社会的不安；或者已经"死了"却不能自知，反而沾沾自喜，以为得计，于是变本加厉，到处惹是生非，制造群体的不安宁。

"先说先死"的另一种结局则是充分被人曲解或利用，哪怕中外先贤多么明智而充满远见也难逃这一关！后人断章取义、明褒暗贬，甚至任意添加，岂非到处可见？但是，"先说先死"最大的害处还在于不知"先说先死"而带动"我有话要说"的风气。特别在中国社会，很容易导致"知者不言"，而"不知者多言"的恶果，害人也害己。

但是，多年来，笔者在和年轻人接触的过程中，发现愈来愈多的人，居然不了解"先说先死"的道理，却一味执着于"我有话要说"，以致最后"死得不明不白"，惹来满肚子怨气。就算具有社群经验或者稍具工作经验的年轻朋友，也有很多尚未体会"先说先死"的奥秘，真是"有经历而没有经验"。

"我有话要说"基本上是正确的观点，不过它只触及真理的一部分。如果把这个观点过分膨胀，不论什么情况都抢着先说，就会对沟通造成莫大的障碍。现代社会，几乎到处可以看到"大家都在说，然而没有人听"的"集体独白"景观，就是不明白"先说先死"的恶果。

那有没有"先说不死"的情况呢？有，但这种情况属于可遇不可求。因为对方的变数很多，简直谁也没有把握能够让对方百分之一百地听得进去，所以我们还是把"先说先死"看成通则，而把"先说不死"视为例外。

### "不说也死"

既然"先说先死"，那不说可不可以？我们再次提醒，"先说先死"固然是事实，但是长久以来，"不说"把中国人害得更惨，不仅浪费了很多宝贵的时间，还让中国人养成不善沟通的坏习惯。所以，在明白了"先说先死"的道理后，要赶紧反过来告诉自己："不说也死"。

小华放学回家，没有告诉父母明天老师开会，不必做作业。吃过晚饭以后便一直看电视。不明原因的父亲为此生气地质问他："做一个学生，可以不读书、不做作业，一直看电视吗？"小华这时候才回答："明天老师要开会，没有交代作业。难得一天这样，多看一会儿电视不可以吗？"

小华还年轻，总认为自己很有道理，回答得理直气壮。殊不知小华如果回答得没有道理，父亲还可以骂他。如今回答得如此有道理，父亲更是下不了台，于是恼羞成怒地说："好，老师没有指定作业，对不对？来，把课本拿来，我出十道题给你做，免得你浪费时光，养成坏习惯。"结果小华哭哭啼啼，做到10点还没有做完。

部属常常在受到上司的指责后才说明理由，上司没有面子，不但不肯认错，反而模糊了主题，骂到别的地方去。部属如此自作自受，实在怪不得上司。

访客一直不肯说明来意，主人干脆假装猜不出来。其实他心中有数，早已料知对方来意，但是心里暗想：你自己都舍不得说出来，我为什么要帮你说呢？似乎也颇有道理。

可见，过分强调"先说先死"，到了"知也不言"的地步，结果同样糟糕。大家批评传统社会明哲保身的弊端，便是看不惯它的作风。只是"不说也死"应该说给懂得"先说先死"的人听的，唯有深谙"先说先死"的道理，才有资格讲求"不说也死"。仅仅保持"我有话要说"的心态，根本没有必要深究"不说也死"的意义。

## 用兼顾突破两难

"先说先死""不说也死",这是两难状态。中国人常常觉得左右为难,说也不是,不说也不是,令人伤透脑筋。

善于沟通的人必须兼顾说与不说,"说到好像没有说一样",而又"没有说却好像说一样",这才是真正的中国功夫。

兼顾往往很不容易做到,却不能因此放弃。前面说过,"先说先死"并不表示绝对不能先说。当形势对我有利、对方十分信服、彼此关系密切、交情相当深厚,加上情况危急,大可以放胆地先说。这时候表面看似孤注一掷、惊险万分,实际上胸有成竹、一切尽在掌握之中,丝毫没有冒险的成分。

我们必须了解,要兼顾这么多的条件,事实上非常困难。单凭关系够、交情深,又时机良好,已属困难重重;还要情势有利,对方信服,真是十分不容易。中国人一方面要求兼顾,一再提示"多多思考不会出差错";另一方面却又警告大家"思虑太多一事无成",表示不太可能兼顾得面面俱到。但是,我们不能够认为,反正无法兼顾得面面俱到,不如想说就说,大家直来直去。因为如此一来,势必影响沟通的品质和效果,断然不可!

可见,"兼顾"本身也常常基于一种两难的矛盾状态:不思虑不好,思虑得太多也不好;不兼顾不行,却又实在无法兼顾得齐全。

怎么突破这种兼顾的两难呢?当然还是把"兼顾"和"无法兼顾"合起来想,告诉自己必须兼顾,也让自己明白不容易兼顾得周到的困难。于是"能兼顾多少算多少""兼顾到差不多就算了"这一类的想法又出现了。

兼顾有一个十分重要的因素，那就是时间。有时间，为什么不多考虑一会儿，更能够兼顾得周全一些？没有时间了，马上要有所决定，当然时不我待，不能再拖，这时候就不能考虑那么多了。

时间一到，马上停止考虑。到目前为止，所考虑的诸多方案之中，哪一个最为合理？这个"此时此地最合理"的方案，把它决定下来，称为定案。

中国人在"能拖即拖"之余，必须"当机立断"。可惜一般人只看到"能拖即拖"，完全不理会"当机立断"，以致把时间都耽误了，令人觉得缺乏时间观念，常常造成不能及时解决问题的恶果。

能拖就拖，必须受到时间的限制。也就是说，在时间允许的范围内，才能够拖延；时间不允许，就应该当机立断，不能再拖。可见时间因素对决策者而言十分重要。沟通的时候，所能够用来思考的时间实际上也非常紧张，不能够不兼顾，也不可以为了思虑而耽误了时间，反而误了正事。

先站在两难的出发点，尽量不要匆促地立即反应。有时间多兼顾一些，考虑各种可能的变数。时间一到，依当时所找到的几个方案中，把最合理的那一个挑出来当作定案用来进行沟通，应该是有效的方式。

## 让对方听得进去

任何一句话认真去听，都可能听出某些道理，不可能毫无价值。但是，我们常常不在乎这些道理，却斤斤计较于对方表达时的态度和语气。换句话说，我们不认真听对方在讲什么，却十分介意对方是怎么讲的。

"你讲得很有道理，但是，你怎么可以这样说呢？"这种沟通时经常出现的责骂让我们清楚地明白，我们听话的心态，显然比较重视怎么说，而不是认真听取所说的道理。可见中国人说话，应该以听得进去为优先，而不是说得有道理。事实上，愈有道理愈容易引起听者的难堪，一旦对方恼羞成怒，那就愈加听不进去。

甲有一个好点子，向上司建议之后，并没有被采纳。甲因此向乙抱怨上司没有判断力，连这种好点子都看不出来。

乙向上司提出同样的点子。上司欣然接受，还夸奖乙很用心替公司设想。

甲的沟通技巧不良，他说了半天，上司根本听不进去。对于听不进去的东西，当然不可能进一步判断它的优劣。所以，甲提出的好点子上司并不采纳。听都听不进去，怎么可能采纳呢？甲最好反省自己，力求改善，而不能责怪上司。

乙比较懂得沟通的原则和技巧，知道第一句话非常重要。如果第一句话不能打动对方的心，无论怎样良好的点子，对方就是听不进去，不可能产生预期的效果。

听得进去，对方才乐于接受。就算不马上做决定，至少也不会排斥或拒绝，总算有机会，可以再接再厉。

安全沟通的要领，在先要避免"先说先死"，然后再提醒自己"不说"照样会"死"，于是用心模拟，寻找可以打动对方心理的第一句话，务求能够顺利地完成沟通的任务。第一句话不能打动听者的心，恐怕就要沟而不通了。

让对方听得进去，是沟通的第一步。只有听得进去，才有沟而能通的可能；听得进去，才有互动的可能。根本听不进去，说了半天，还不是白讲？许多人沟而不通，便是对方一句话也听不进去，自己说得再对，又有什么用？

为了让对方听得进去，我们很容易采取讨好的方式，尽量说一些好听的话，让对方听起来很高兴而易于接受。历代以来，很多小人便是这种导向的产物。

其实，中国人是不能讨好的。因为我们警觉性很高，也就是疑心很重。想讨好中国人，并不简单。在他们看来，有礼貌地问好，往往是虚伪的表现；话说得很动听，常常是把听者当作白痴。形式上的讨好，很难满足中国人的需求，久而久之，变成实质上的讨好，那就弊害丛生了。

既然中国人不容易讨好，而且讨好很容易变成小人，带来很多弊害，那么我们最好不要走讨好的途径，用不讨好的方式来让对方听得进去。

所以，当对方听不进去的时候，我们宁可暂时不说，也不要逼"死"自己。现代人最大的缺点，在急急忙忙要开口说话，几乎忘记了古人的警语沉默是金。急什么呢？说得那么快，像连珠炮一样，谁想听？

不说的时候，要用心思虑，怎样才说得通。"能拖即拖"并非完全没有道理，运用得合理，也是一种有效的沟通方式。

## 话要合理，"说到不死"

长久以来，大家见面不说正经话，却东拉西扯，说一些不着边际的话。这种沟通方式一直成为大家指责的对象。什么浪费时间、缺乏时间观念、不负责任、生怕把自己扯进去等不好听的话，都说完骂尽，却仍然不能改变中国人的说话习惯。主要原因就在于"先说先死"的教训，令人印象深刻，以致人们不敢轻易向它挑战。

但是，大家推来推去，谁也不愿意先说，结果仍然"同归于尽"。因为大家都不说，就无法沟通，也就没办法解决问题，结果还是错。

既然"先说先死""不说也死"，那该怎么办呢？中国人的高度智慧表现在把两句矛盾的话一起说，化矛盾为统一，把"先说先死"和"不说也死"这两句彼此相反的话合在一起，成为"先说先死，不说也是死"，即明白"先说先死"才会"不说"；了解"不说也死"，才会"说"。因而，"站在不说的立场来说"，不至于乱说，却能够说得恰到好处，便是"说到不死"。

"说到不死"，其实就是说到合理的地步，包括合理地说和合理地不说。合理地说又分为合理地先说与合理地后说，三者妥善配合，便可以"说到不死"（见图10-4）。

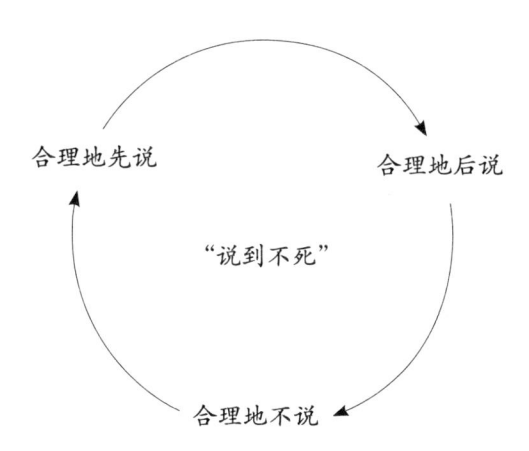

图 10-4 说话合理才能"说到不死"

但是，合理不合理，实在很难讲。我认为合理的，别人未必同意，这才是沟通的最难点。

孔子的建议是："可与言而不与之言，失人；不可与言而与之言，失言。"意思是说，可以和他说话而不和他说，是错过了好人；不可以和他说话而和他说，乃是白费言语。我们不妨反省一下，是不是经常"失言"又常常"失人"。

沟通的先决条件在"不失言也不失人"，同时兼顾"不错过好人"与"不白费言语"，便能达到合理的地步。

遇到应该先说的人，当然要先说；遇到不应该说的人，必然要不说。说或不说，先说或后说，必须合理，才是"不死"之道。

甲、乙、丙三人在一起聊天，甲问乙："听说你要高升？"乙连忙回答："没有这回事，从来没有人向我提起过。"

甲走开以后，乙向丙说："我们是老朋友，我不能不告诉你，上级向我提起，要我接任经理的位置，我还在考虑中，不知道你觉得怎么样才好？"

乙并没有故意撒谎，他只是和甲的交情尚浅，不便一下子说出真实的情况，并没有欺骗的意思。

但是，凭乙和丙的交情，如果不说明真相，势必引起丙的猜疑："难道看不起我这个朋友，连我都不敢讲真话？"为了这种事情得罪了一位朋友，甚至失去了这位朋友，那才是真的损失惨重。

乙在"先说先死"和"不说也死"这两个上、下限之间，对甲选择"保密到家，以免'先说先死'"的策略，而对丙则采取"私下透露，以免'不说也死'"的方式，以求"说到不死"的程度。这就是对不同的人，采取不一样的态度，说不相同的话。

表面上中国人骗来骗去，实际上我们最厌恶欺骗的行为。我们只是看人说话，机动调整而已，绝对没有刻意骗人。许多人始终看不懂这一点，才觉得中国人骗来骗去，不要上当才好。有品质管制的观念，把"先说先死"和"不说也死"分别看成品质管制的上下限，对不同的人当然需要说不一样的话。话变来变去，并不代表骗来骗去。

有把握"说到不死"的人，最好"我有话要说"，也才有权利"我有话要说"。就算不利人利己，至少也不会害人害己。

"说到不死"的功夫，当然不是一蹴而就的，需要不断地磨炼。良好的开始，即在明白"先说先死、不说也死"的道理。不能因为相当困难而"不说"，更不能反正是死而"乱说"，两者都具有很大的杀伤力。虽然看不见，却威力惊人。

要"说到不死"，必须说得合理。很多人就是认为自己所要说的十分合理，这才理直气壮把它说出来。可见内容合理之外，尚须顾虑时空的变化。任何事理都在时空之中，唯有因时、因地制宜，才是真正合理。

理不易明，道理很难讲，不容易说得清楚明白，这是寻求合理的难处。加上理会变动，也就是随时空而呈现不同的道理，有时候说得好好的，时间一变动，就会变卦，令人把握不住。我们常常说合理就好，似乎很容易的样子，但是真正做起来，才发现"公说公有理，婆说婆有理"，沟通双方不容易获得共识。依据经验，自己说的道理总觉得比较有理，所以，合理不合理要让当事人自己说，这比我们说老半天要有效得多。让他先说，他自己说的算数，应该是对我们有利的方式。可惜许多人爱争着先说，刻意说服别人，结果徒劳无功，还责怪别人。

有人会认为，人有免于恐惧的自由，顾虑这么多岂不是一点也不自由？不错，人有免于恐惧的自由，但并不表示人可以不恐惧或者不理会恐惧，而是人必须更加警惕、谨慎，使自己无所恐惧。

同样的道理，人有言论的自由，并不是可以乱说，或者想说就说，而是人必须更加谨慎，更深一层考虑，使自己可以自由自在地说话，而不会造成危害。

我们绝不否认这是一个重视沟通的时代，然而，我们也不得不严肃地面对人与人愈沟愈难通的事实。理论上，沟通可以解决大部分的问题；实际上，沟通往往带来不少令人头疼的问题。

为了不使大家对沟通丧失信心，为了使沟通理论落实在中国社会，更为了促进有效的沟通，我们一方面深知"先说先死"的高度危险性，另一方面也基于"不说也死"的深切危机感。至于是不是"说到不死"，那就有待考验，不敢妄自论断了。

郑重声明：我们的目的，仍然在促使大家有话要说，只是虔诚地期盼，"我有话要合理地说"，因为你、我、他的安宁与幸福，悉在其中，不可不戒慎为之。

# 11 沟通的艺术

良好沟通必须了解对方的言默之道，
只有言默自如，才能顺畅沟通。

交浅不言深，交情不深小心说话。
充分知彼，让对方先开口。

沟通必须以情为先、设身处地，让对方有面子，
才能让对方易于接受，自然广受大家欢迎。

我说给你听，你千万不要告诉别人；
你如果告诉别人，就不要说是我说的。

若是你告诉别人是我说的，我一定不承认；
我说的只是给你当作参考，你要自行判断。

## 了解对方的言默之道

每一个人都有其言默之道，了解对方的言默原则，才能够有效地适应对方的沟通方式，以期双方互相配合，顺畅沟通。

一般来说，中国人不随便开口是一种谨言慎行的修养。但是，对于值得信任的人或大家的公共利益，我们也会抱着"虽然冒险，也责无旁贷"的决心，打破沉默而有所建言。我们的态度既不是说，也不是不说，而是把说与不说合在一起想，也就是我们常说的"说不说不成问题，怎么说才要紧"。因此，说与不说，形成了个人的一套言默之道。依据对方的言默之道来进行沟通，应该有助于沟而能通。

一般人的错觉是必须多说、多问才能有效沟通。自以为了解对方，或者以为对方不说话便是默认。其实，对方不说话，并不表示没有意见，或者赞成我们的想法。不说话很可能包含很多不明白表示出来的意思，诸如不敢说、不愿意说、一时不知道怎样说才好、暂时不想表示，以及需要多一些时间考虑等。这些都必须用心判断，以免产生误解。对方不说话，我们也不必一直说。双方都保持沉默，自然有突破的时机；若是真的没有，不妨下次再说。

中国人是关怀导向的民族，不方便一开口就谈工作，用关心他来尊重他，顺着他的言默之道来沟通，最为有效。违反对方的言默之道，往往言多必失，必须慎防。

沟通的时候，除了语言文字之外，还加上某些身体语言，才能够构成完整的信息。

不说话的时候，是为默。默，也是一种沟通。沉默不语的时候，身体语言正在进行非语言沟通。孔子说："未见颜色而言谓之瞽。"意思是说，没有察看别人的脸色就说话，好像盲人一样。便是提醒我们，要多多留意对方的身体语言，因为"行动比嘴巴说的声音更大"，可惜我们时常忽略掉了（见图11-1）。

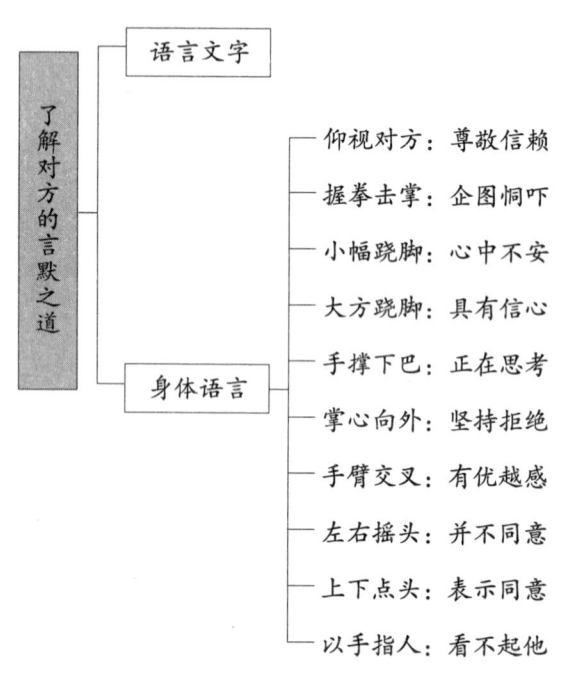

了解对方的言默之道
- 语言文字
- 身体语言
  - 仰视对方：尊敬信赖
  - 握拳击掌：企图恫吓
  - 小幅跷脚：心中不安
  - 大方跷脚：具有信心
  - 手撑下巴：正在思考
  - 掌心向外：坚持拒绝
  - 手臂交叉：有优越感
  - 左右摇头：并不同意
  - 上下点头：表示同意
  - 以手指人：看不起他

图 11-1　了解对方的言默之道

人的全身都有办法伪装，只有眼睛通常十分诚实。看对方的眼睛，应该能够明白他的真实想法。但是，不可以一直盯着对方的眼睛不放，同时也要以真诚的眼光，来引发对方的真诚。务求彼此都开诚布公，由浅入深，一步一步互相了解，以期沟而能通。

同时，不可以由于过分重视对方的身体语言而不注意他所发出的语言信息。因为语言文字毕竟比较容易接受，不像身体语言那样似懂非懂，很难精确捕捉，况且每一个人的姿态、动作、表情都不太相同，所以不要一味主观地判断，而应该多看几次，细心去体会，再衡量自己的感觉是否正确，以免产生误会，反而增加沟通的障碍。

听错话是一回事，会错意又是另外一回事。前者常常是耳朵听错了，尤其是对方的乡音太重、说话速度太快，或者咬字发音不清楚，甚至匆促之中说错了；自己的主观意识太强，老是依自己的意思来听出有利于自己的话语。后者则由于身体语言的判断错误，产生不一样的体会，以致听是听对了，却会错了意，也等于没有听对。沟通时眼睛看着对方，一方面表示尊重；另一方面也是注意他的姿态、表情，配合着耳朵所听到的，来体会其真正的用意。

# 交浅不言深，让对方先开口

## 交浅不言深

交浅言深是历代相传的沟通禁忌之一。由于交浅不能言深，所以我们常常说一些表面话、义气话、高远话、浅近话和实在话。

沟通时，中国人很喜欢估量彼此的交情来衡量自己的谈话方式，以免触犯交浅言深的禁忌。

交情不够深厚时，如果说表面话，对方就会认为你的话华而不实，虚而无用；说义气话，对方会认为你气焰万丈、目空一切；说高远话，对方会认为你荒诞不经、不近人情；说浅近话，对方又认为你陋俗不堪、毫无学问；说实在话，对方也认为你分析不精、观察不明。这些心理反应，究其原因，无非是交情不深。

交情不是短时间可以改变的，说一些亲切的表面话，多数人较易接受；直来直去的义气话尽量少说，以免对方恼羞成怒；引经据典的高远话易落入空谈；涉及家常琐事的浅近话颇为俗气；简单扼要的实在话朴实无华，可时常应用。

交情够的人，通常说话比较方便。因为对方不容易产生怀疑，即使说错了，对方也认为这是无心的，比较容易谅解。再严重的事情，说一句"开玩笑的"，对方可能大概率也就不再追究。可是交情不够的时候，恐怕就没有这么简单。对方警觉性很高，一句话听不进去，就会产生"这位仁兄是来干什么的"感觉，愈看愈不对劲，愈听愈不是味道。明明没有什么大不了的事情，也可能引起一场严重的误会。所以，沟通之前最好自己先衡量一下彼此的交情，适可而止，千万不可造次。

中国人见面三分情，但是仅凭这三分是不够的。所以，我们喜欢在沟通之前多方打听，有什么人情关系可以当成助力，有哪些相关事宜可以提供协助，然后才见机行事，适当加以运用，使得原来只有三分情的，增加了好几分，从而彼此好说话。

## 让对方先开口

中国人深谙"先说先死"的道理，所以日常生活中多半尽量设法让对方先行开口，以策安全。常用的方法，分析起来，不外乎下述几个：

1. 尊重对方，让他先说。

2. 向他请教。

3. 见面不说正经事，一直说些无关紧要的事情。对方心急，便会自己先说出来。

4.问一些不相关的事,如"吃过饭了吗?""近来怎样?""府上哪里?""在这家公司很久了吗?",诱导对方先行开口。

5.倒茶、请坐,通过忙来忙去让他忍不住先说。

6.开一个头,不触及要点,引起对方的兴趣,他自然滔滔不绝地先说。

我们一直认为中国人不喜欢先开口完全是不怀好意,其实也未必尽然。有时候为了表示尊重,会礼让对方先说。通常对方嘴巴一动,我们就会自动停止,用不着像现在这样,争着要先说,甚至不客气地说"请让我说完"。彼此火气十足,还谈什么沟而能通?

对方不开口,最好的解决办法是找合适的问题向他请教。他受到尊重,兴趣一来,自然会开口。或是问一些无关紧要的话,让对方开口,再引到相关话题,他大多会顺着说下去。话匣子一打开,沟通就方便多了。

我们说得越多,相应地,对方说得自然就越少。这样一来,对方很容易了解我们,而我们却苦于无法明白对方的心意,无法站在知己知彼的立场,吃亏的当然是我们。不如反过来让对方先说话,我们才能够充分知己知彼,掌握全盘动态,这样对沟通很有助益。

# 以情为先，通情达理

## 用"情"让对方自己改变

沟通不畅的原因在轻视与自己不同意见的人，亦即偏爱以自我为中心的判断。有些人开口就说"不是这样！""你说的根本不是事实！"或者"乱讲，谁会相信这种鬼话！"，这样能沟通吗？准备吵架还差不多。所以，中国人常说："心意不通，言辞必穷。"正是此理。

真正的沟通是沟通双方心中有了情意，然后有话好好讲，因而彼此沟而能通。所以，以情为先，也就是承认对方有五分理，才最容易沟通。

我们抱着"你有五分理，我也有五分理"的心态，从同情对方的立场出发，先说他对，再拿出信息、资料，让他自行评价、分析，双方在很有面子的情况下，通常比较容易自行调整。不可自以为是，不可强词夺理，不可打断他人说话，更不可妄论是非，才能真正地通情达理（见图11-2）。

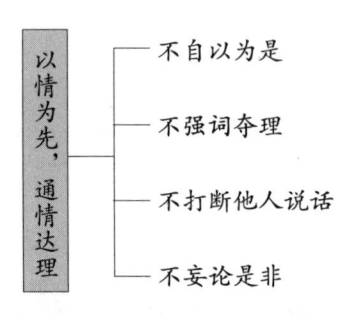

```
              ┌── 不自以为是
以情为先，     │
              ├── 不强词夺理
通情达理       │
              ├── 不打断他人说话
              │
              └── 不妄论是非
```

图 11-2　以情为先，通情达理

让对方自己改变，远比我们想尽办法改变对方容易得多。我们越想改变对方，对方往往越坚持。我们不要这样想，事实上也不应该这样做。我们以尊重对方的心情，只提供信息，让对方自行裁量，常常会有意想不到的收获。

## 借对方之口说出答案

中国人最高的智慧表现在"以不变应万变"，亦即以"不变"的原则来因应"万变"的现象。沟通时，"站在不说的立场来说"便是最好的一种应用。

先想"不说"，不是先想"说"。因为一想"说"就很难控制，终致"乱说"一场。如果"不说"便能够沟通，那不说有什么不好？可见说了反而败事，也未可知。若是不说不行，非说不可，那就进一步想"如何说才合理"，这样才是"谋定而后动"，比较容易立于不败之地。

不说话的人固然给人冷漠的感觉，却能够避免"祸从口出"。最不受人欢迎的则是应该说话时偏偏三缄其口。唯有懂得"站在不说的立场来说"，才能够不乱说。尽管说得恰到好处很难，但是值得努力去实现。

许多人一开始就抱定要说的决心，站在必定要说的立场，一开始便拉开嗓门，一路说下去。这种人常常被称为"直肠子"，意思是一条肠子从头到尾都不会转弯，有什么说什么，说到大家都不想听，或者都听不进去，他还在说。是不是有一点可笑？

反过来看，站在不说的立场来说，能不说就不说，不可以不说的时候，想办法好好地说。别人说和自己说其实并没有两样，何必一定要自己来说？是不是符合明哲保身的哲学？

同样一句话，由我们自己说出来，对方顶多尽力而为。反过来，由对方说出来，效果就大不相同。对方对自己所做的承诺势必全力以赴，以免因为没有兑现而难以交代。对方说出来之后，就算遭遇到困难，也会全力克服，即使面临各种变数，也会全力去因应。可见，借对方之口说出答案，沟通的效果自然更加良好。

# 明其真意，听懂弦外之音

中国人普遍十分重视诚信，对于不诚信的人非常厌恶，但是沟通的时候，却常常要求对方"我告诉你，你千万不要告诉别人"。稍为放宽一些，就会说"如果你一定要告诉别人，那就不要说是我说的"；如果"你不但告诉别人，而且说是我说的"，那"我一定否认我说过"。中国人在说这些话时，根本没有欺骗的感觉，可见它和诚信并没有关系，也就不属于不诚信的范围。这些话虽然听起来怪怪的，却具有相当的道理。

## 用心判断，各自负责

先来看"我告诉你，你千万不要告诉别人"这句话，它至少包含三层意思（见图11-3）：

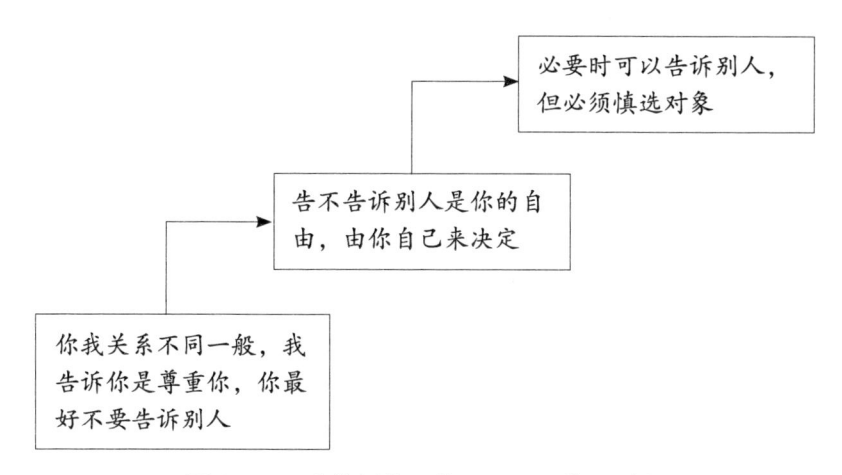

```
                                    ┌──────────────────┐
                                    │ 必要时可以告诉别人， │
                              ┌────→│ 但必须慎选对象    │
                              │     └──────────────────┘
                   ┌──────────┴──────┐
                   │ 告不告诉别人是你的自 │
              ┌───→│ 由，由你自己来决定  │
              │    └─────────────────┘
    ┌─────────┴─────┐
    │ 你我关系不同一般，我│
    │ 告诉你是尊重你，你最│
    │ 好不要告诉别人    │
    └───────────────┘
```

**图 11-3　我告诉你，你千万不要告诉别人**

首先，我告诉你是因为我们关系不同，如果换成别人，我不一定会说，就算说了也未必说得这么仔细。所以，希望你也能尊重我，自己知道就好，用不着告诉其他的人。只有彼此配合，下一次有什么事情，我才敢放心地告诉你。

其次，要不要告诉别人，其实是你的权利，由你自行决定。我告诉你不要告诉别人，主要用意在提醒你，不可以随便告诉别人。至于要不要告诉别人、告诉哪些人，由你自己决定，反正我说我的，你也不一定会听。

最后，我希望你不要告诉别人，当然含有必要时可以告诉别人的意思。不过你要告诉什么人，必须审慎选择，不要选错对象，以免误了事情又引起纠纷。

这样，我们才能够了解，为什么中国人听话的态度，通常是"你说归你说，我听归我听，我不一定信你的道"。我们相信"道不同，不相为谋"的道理，却又不能禁止人家说出和我们不同道的话，因此采取各自负责的态度，你说你的，我听我的。同道的部分，当然可以听；不同道的部分也不必制止你说，反正我不听就是了！

既然如此，我们的说话态度也逐渐调整为"我说归我说，你要不要相信，或者相信到什么程度，那是你自己的事，必须由你自己判断，同时也自行负责"。

于是，就有人说："我听说的，真的假的我不知道。"这么说，并不表示说话的人不负责任，或者不肯负责，而是表明"听的人应该自行判断，不要把责任全部推到我身上"的立场。

还有人说："我听不清楚，好像是这样，又好像不是，我也没有把握。"到底说话的人听清楚了没有，其实并不重要，因为就算他听得十分清楚，我们也必须自行判断，看看能不能相信，或者相信到什么程度。

也有人说："当时是这样说的，后来有没有什么变动，我并不知道。"意思同样是"不要把责任推到我的身上"，听话的人应该自己负起责任，用心判断内容的正确性。

听话的人，最好多问一些问题，以便从双方的互动当中掌握正确的信息，而不是事后一味将责任推给说话的人，因为这样做并不能解决问题。

现在我们应该明白"我告诉你，你千万不要告诉别人"的真正意思，其实就是"我说归我说，你必须自己用心判断，才能够相信。不可以因为是我说的，你就推卸责任，不用心自行判断"。这种各人负起责任的用意，值得鼓励才对。

## 反求诸己，合理判断

至于"你若要告诉别人，就不要说是我说的"，既是一种尊重别人的嘱咐，也是撇清自己责任的方法。其隐含的意思有三（见图11-4），分别说明如下：

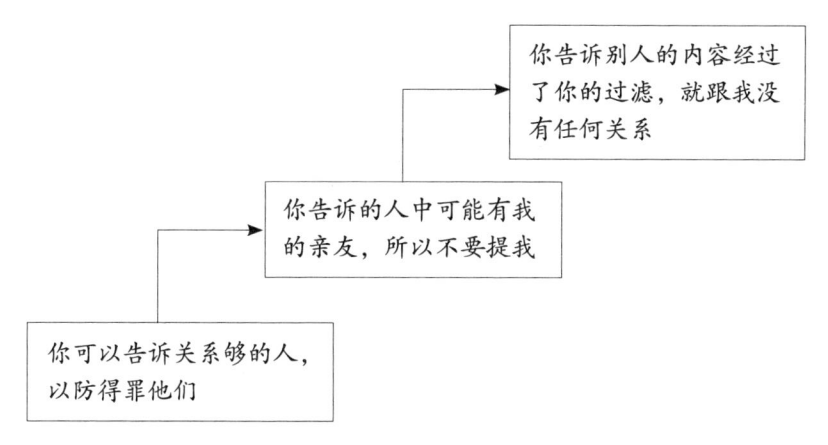

```
                          ┌─────────────────────┐
                          │ 你告诉别人的内容经过 │
                       ┌─→│ 了你的过滤，就跟我没 │
                       │  │ 有任何关系           │
                       │  └─────────────────────┘
            ┌──────────┴──────────┐
         ┌─→│ 你告诉的人中可能有我 │
         │  │ 的亲友，所以不要提我 │
         │  └─────────────────────┘
┌────────┴────────┐
│ 你可以告诉关系够的人，│
│ 以防得罪他们     │
└─────────────────┘
```

图11-4　不要对方说出"是我说的"的真正原因

首先，你当然可以审慎地选择对象，然后告诉他我所说的事情就好像我选择你一样。只要关系够，就可以放心地告诉他，不必担心产生什么不良的后果。因为通常情况下，我们即使保密工作做得再好，也会有一两位非说不可，否则将来有可能得罪他们。基于这样的考虑，当然不得不告诉他们。我之所以提醒你"不要告诉别人"，是指一般性的别人，并不能严格到包括特殊的人物在内。

其次，你所审慎选定的对象当中，可能有人是我的亲友。我没有告诉他们，反而由你来转述，他们一定觉得很不愉快，甚至责怪我不够尊重他们，因而心生怨恨。所以，你要告诉他们时，不要提起我的名字，也就是不要让他们对我产生不良的反应。要不要告诉，我充分尊重你所做的决定。但在保密信息来源方面，请你充分尊重我。

最后，你所要告诉什么人、告诉到什么地步，既然由你自己决定，所说的内容当然也是你自己认为可以说的你才会说，因此，你说的已经和我说的没有什么关系，所以不必提起我。否则听的人把内容和我连在一起，不知道又会产生什么后果，万一节外生枝，我岂非自找麻烦？

平心而论，站在说话者的立场，固然是听者必须自行负责，遇有任何问题不要推到说者的身上。但是，站在听话者的立场，却刚好相反，希望说话的人必须对自己所说的话负起责任，不要把责任推给听话的人。

"都是你说的，不然我怎么会这样？"意思是我并不是故意犯错，或者能力太差，而是因为你这么说，我又很相信，才弄到如此不堪，罪不在我。

"说话不算数，简直害死人！"发出这种抱怨的人，大多认为自己太老实，以致听信那些不诚信的人乱说话，这才把事情弄得这么糟糕。因为太相信他的话，所以才被他"害死"。

一般而言，说话凭良心，不应该乱说才是正常的，可惜很多人不是这样。说话的人，如果随便一些，不要那么正经，或者声明一下，自己是随便说的，不一定要当真；听话的人，可能警觉性高些，就不致过分相信说话人。偏偏他说话的样子一本正经，丝毫不像开玩笑，而且说的内容又很有根据，好像真的一样，我们才会相信。事后出现差错，当然忍不住指责他："要不是你这样说，我根本不会相信。"

不过，就算我们千方百计想把责任推给说话的人，我们是不是应该想想，谁也禁止不了乱说话，把责任推给乱说话的人，又有何用？

不如听者自己小心，比较实际。

## 得消息不问出处

有些事明明是自己说的却常常加以否认。因为我告诉你的时候，已经提醒你不要告诉别人，你一定要告诉别人，我也禁止不了。所以我只要求你不要说是我告诉你的。现在你不但告诉别人，而且公开信息的来源，明白指出是我说的，那我就加以否认，说我没有说，或者不是这样说。这种情况常常引起很多误解，认为中国人骗来骗去，缺乏诚信。其实，不承认自己说过的话并非缺乏诚信（见图11-5），原因有三：

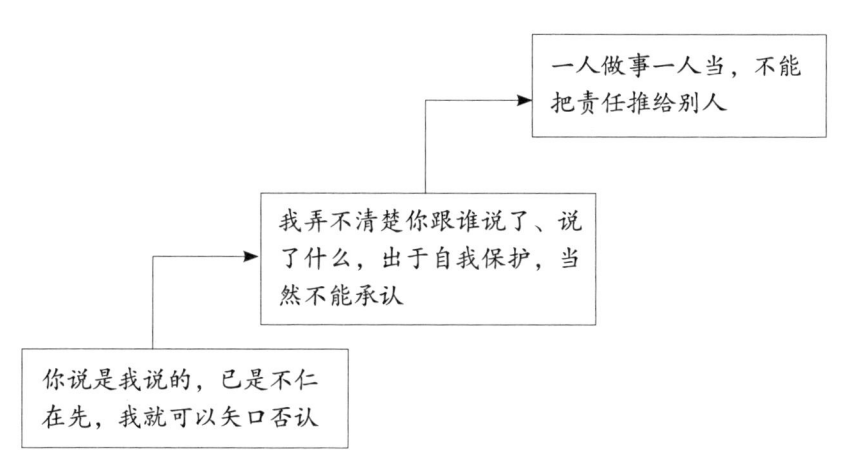

```
                                    ┌─────────────────┐
                                    │ 一人做事一人当，不能 │
                                 ──▶│ 把责任推给别人     │
                                    └─────────────────┘
                    ┌──────────────────┐
                    │ 我弄不清楚你跟谁说了、│
                 ──▶│ 说了什么，出于自我保护，│
                    │ 当然不能承认        │
                    └──────────────────┘
    ┌──────────────────┐
    │ 你说是我说的，已是不仁│
    │ 在先，我就可以矢口否认│
    └──────────────────┘
```

图 11-5　不承认自己说过的话不是缺乏诚信

首先，不容许不仁不义的行为一直出现。我告诉你不要说是我说的，你竟然不尊重我，说是我说的，已经不仁在先，我坚决否认不过是不义在后。以不义回应不仁，用意在制止这类不仁不义的情况持续地发生，因为它终究会破坏你我的感情，摧毁你我的关系。希望你明白，我这样做，并没有欺骗任何人，只是表明我的态度：像你这样不能配合，以后谁还敢跟你合作？

其次，你告诉别人是我说的，我又弄不清楚你同谁说了、当时说了些什么、是怎么说的，如果只是凭最后者指出是我说的，叫我怎么能够承认？按情理说，如果你在场，我就可以问清楚整个情况，判断是不是和我所告诉你的内容相同，再决定承认与否。现在你又不在场，在不容易求证的情况下先予否认，必要时等查证清楚再来承认也不晚。

最后，一个人必须由自己承担所有言行的后果。你既然敢说，就要负责到底，这样才值得大家信任。现在说了半天，居然把责任推给我，说是我说的，我当然不愿意承担这种责任。

中国人警觉性高，所以怀疑心重，于是发展出一套"防人之心不可无"的"明哲保身"的道理，这套道理也适用于沟通。比如，对任何人说的话，我们多少都将其分为"将信"和"将疑"两部分，只是这两部分的比重有所不同而已！

为什么将信将疑呢？因为不怀疑的话，人家欺骗我们怎么办？还不是自己倒霉，又惹人家笑话。不相信的话，如果人家所说的是真的，岂非自己吃亏，同样被人家嘲笑？采取"既不相信，也不怀疑"的态度，经过一番查证、判断、分析，然后才决定相信到什么程度，应该是比较合理而且安全的方式。

他所说的话，我说给你听，我们一起将信将疑，看看应该如何合理响应。他是谁我不说，你也最好不要问，因为中国人习惯依据谁说的来判断一句话可信度有多高。当然，无法判断或者难度很高的问题，用谁说的来作为判断的依据，也无可厚非。一般性的、自己能够判断的事宜，最好不要如此。自己依据事实判断，一方面增强了自己的判断能力，另一方面也增强了自己的责任感。

# 结语

写完这本书，笔者内心感到相当轻松。多年以来，大家一直在所谓的转型期等待、挣扎，特别是处理人际关系方面，简直不知道该如何是好。

有些人固守传统的人际关系，尽管内心十分厌恶，也不得不强颜欢笑，勉强应付。在众人面前一副兜得转、吃得开的模样，背地里则有一大堆自己怎么都想不通的问题，因而独自郁闷、苦恼。

有些人根本无视传统的人际关系而一味西化，殊不知一个中国人若是失去中国味道，再怎么成功也不过是半个西方人。现代化绝非西化，而是既具有中国人的味道，又能够适应国际化的潮流。

一个现代的中国人，他的正直应该表现在当美国人赞美他的时候，他会回答："谢谢你。"当日本人称赞他时，他会回答："请多多指教。"而当中国人夸赞他时，他又会及时调整回来："哪里，哪里。"

持经达变的精神同样应该发挥在人际关系上面。保持若干中国人的"经"，做到"敬人者人恒敬之，有原则也能应变，圆通却不圆滑"，然后顺应商业时代的实际需要加以合理调整。中国人依然是中国人，但是"周虽旧邦，其命维新"，已经是现代的中国人了。

为了拥有现代却保有中国人的味道，笔者大胆地把人际关系和伦理结合在一起，称为人伦关系，并且保留和谐的特性，要求和谐而不流于"和稀泥"。其实，只要时时留意合理的标准，处处小心，无过与不及，和谐的人伦关系应该是令人喜爱、受人欢迎的。

转型期不过是一种自我安慰的借口，大家保留一些面子，当然无可厚非。只是不要用来欺骗自己，一旦自己也认为真的是转型期，那就受害不浅了。

看过这本书，明白了这些有关沟通的道理，现在可以"我有话要说"。至少说出来的话，比较合理而不致害人害己。

老子说："多言数穷，不如守中。"可惜这句话经常被人误解，成为"不言"的依据。一般人只知道"是非只为多开口，烦恼皆因强出头"，便不闻不问，以免"数穷"，弄得运气不佳。

"多言数穷"，"多"与"少"相对，并没有劝人不言，只是希望大家少言。少言也不是尽量少说话，而是"不可多说，不可不说"。

"应该说才说，不应该说不说"，才是真正的"守中"。书中所说的道理都是为了达到"守中"，是一些不得不说的道理。

这些道理看起来十分简单，真正实行起来并不容易，不是轻易可以见效的，必须多多磨炼，才能够达到圆熟的地步。

现代社会重视沟通，一切措施都有待沟通，而且步调快速，必须及时达成预期目标，以争取时效。所以看完了这些道理之后，唯一要做的就是立即付诸实行！

从做中学，从行动中体验，这些浅显的道理就会产生神奇的功效。

古圣先贤知道文字、语言的限制性，实际上无法完全表达内心的意思。所谓词不达意，不但是表达能力的问题，而且牵涉到语言、文字所带来的困扰。

因此，我们的沟通特别强调以心为主，讲求情意交流、心与心的感应。语言、文字不过用来辅助沟通而已。换句话说，沟通的时候，不应该仅仅注重媒介，还必须时时刻刻把心融进去，用心体会说者的用意。

同样一句话，不同的人来说，可能有不一样的用意；不同的人听起来，也会产生不相同的理解。何况中国文字原本博大精深，几乎不容易找到固定的意义。单凭我们的语言、文字，实在很难获得有效的沟通。

还有，中国社会不像西方那样，认为"对就对，不对便是错"。我们有一种"对，没有用"的圆满哲学，认为"大家都对，也可能沟通不良"，最好让大家都有面子，促成圆满的沟通，才没有"后遗症"。

这本书处处以情为重，因为"情"即"面子"，不能不时刻留意，不可无情，以免沟而不通，甚至不沟通还好，愈沟通愈惹来一大堆麻烦。

大家都爱面子，但是各人的立场未必相同，往往顾此失彼，很不容易兼顾并重。这时候伦理就成为十分重要的因素，只要大家谨守本分，谨守人伦关系，做出合乎伦理的表达，相信必能达成圆满沟通的境地。

不必害怕面子问题，人人爱面子，若能爱到合理的程度，也就是不要爱面子爱到"不要脸"（不讲理）的地步，爱面子并没有什么不好，反而会提醒我们，必须将心比心，同样重视别人也爱面子的习惯，予以对方同等的尊重。

有话要说之前，先充分考虑，把相关事宜想想清楚，宁可多花一点儿时间，谋定而后动，想妥当再开口，也不要事后才来后悔，造成一些无谓的烦恼。想好了再说，想好了再动手写成文字，原本是一种十分得当的做事方法，想不到现代人好像忘光了。

有话当然可以直说，只要人对、地点对、时机对、所说的内容也对，再加上合适的沟通技巧，有何不可？可惜一般人本事不够，每当有话直说的时候就得到很糟糕的结果，以致害怕得不敢有话直说。任何希望有话直说的人，最好把自己的沟通本领练好，再来有话直说，才能经得起考验，维持对有话直说的信心。

诚实是做人的基本修养，有话实说本来就是最好的沟通策略。我们所说的先瞒一下，不过是说实在话的先行措施。如果从头到尾隐瞒，怎么能够沟通良好？瞒一下，把情况稳定住，然后想办法一步一步走向实话实说，既安全又有效，才是暂时隐瞒的真正用意。

话是可以说的，也是应该说的，只是不能够这样说。中国人对这方面的要求特别高，能够做到可以说、应该说，而又说得很妥当，大家都有面子，才称得上圆满的沟通。